1日 学 1句

続・わたしの中国語学習帳

監修 楊凱栄　　著者 張麗群

My Chinese Study Notebook

朝日出版社

音声ダウンロード

 音声再生アプリ「リスニング・トレーナー」（無料）

朝日出版社開発のアプリ、「リスニング・トレーナー（リストレ）」を使えば、教科書の音声をスマホ、タブレットに簡単にダウンロードできます。どうぞご活用ください。

まずは「リストレ」アプリをダウンロード

▶ App Store はこちら　　　　▶ Google Play はこちら

アプリ［リスニング・トレーナー］の使い方

❶ アプリを開き、「コンテンツを追加」をタップ

❷ QRコードをカメラで読み込む

❸ QRコードが読み取れない場合は、画面上部に 45391 を入力し「Done」をタップします

QRコードは㈱デンソーウェーブの登録商標です

Webストリーミング音声

https://text.asahipress.com/free/ch/245391

◆本テキストの音声は、上記のアプリ、ストリーミングでのご提供となります。
　本テキストにCD・MP3は付きません。

まえがき

　外国語の勉強はスポーツと同じで，日々の努力が必要です。しかしハードすぎると，やる気を失い，しっかりと基礎を作ることができません。外国語は少しずつ，着実に練習を重ねていくことにより，自然とできるようになるものです。中国語の勉強も例外ではありません。学校では年間の時間数が限られている上，一回の授業でいくつかの文法事項を取り扱うため，消化しきれないままどんどん先へと進みがちです。そこで，本書はそうした問題を解決するために，初級補助教材として開発しました。

　本書は『1日学1句 わたしの中国語学習帳』の続編です。前編同様，本書も初級教科書で取り扱う基本文型を毎回1つに絞っています。また，各文型に対して基本学習，確認，応用練習という形で学習ができるように構成されています。この学習帳のみで中国語の勉強もできますが，学校で使う教科書の文法項目に対応する形でのピンポイント学習及び宿題としても用いられます。

　本書は学習者に「できた」という達成感を感じ取ってもらうために，あえて一日に1センテンス＋新出単語6個というシンプルな内容にしました。既出単語を繰り返し使うことにより，無理なくステップアップしていけるだけでなく，中国語を楽しく勉強することもできます。ユニットごとにテスト問題も用意していますので，ぜひ日々の努力の成果を確認してみてください。皆様の中国語学習に少しでもお役に立てれば幸いです。本書をお使いの皆様方，是非とも忌憚のないご意見やご感想をお寄せください。

　最後に，本書の出版に際し，企画の段階から大変お世話になった朝日出版社の許英花氏に感謝申し上げます。

2023年11月

著者

本書の使い方

　本書は「できるだけシンプルかつ負担にならない内容で，毎日少しずつ勉強する習慣を身につけ，自然と中国語ができるようになる」ことをコンセプトに，以下のように構成されています。❶〜❹は基本学習，❺〜❽は基本学習の確認及び応用練習になります。

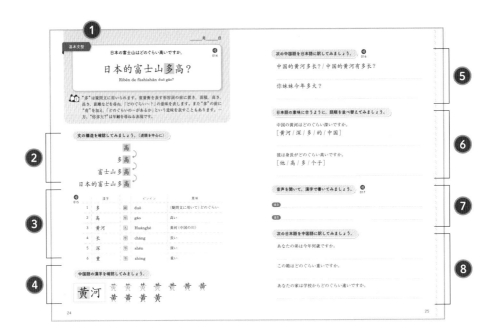

❶ 基本文型

　初級中国語教科書で取り上げられている基本文法項目を丁寧に示し，説明もできるだけ分かりやすく，簡潔にしています。本書で取り上げられているのはいずれも日常的によく使われる中国語の表現です。着実に1日1文を覚えていきましょう。

❷ 文の構造を確認してみましょう。

　日本語は「主語＋目的語＋述語」ですが，中国語は「主語＋述語＋目的語」の語順になります。ここでは述語を軸に拡張していく中国語の構文を毎回確認します。それにより，中国語文の骨組みに自然と慣れていくはずです。

❸ 新出語句

　外国語の学習に語彙の習得は欠かせませんが，一度にたくさんあると，なかなか覚えられません。本書では1回ごとの新出語句を6語に限定し，語句には日本語の訳も示しています。そうすることによって，もっとも基本的な語彙を身につけることと，その応用練習に時間を費やすことができます。6語は少ないように見えますが，毎日の積み重ねにより語彙力が自然とアップします。「継続は力なり」です。

❹ 中国語の漢字を確認してみましょう。

　中国語は簡体字を使いますので，日本語にない漢字がたくさんあります。ここでは特に難しいと思われる漢字を書き順とともに示しています。真似をして書けるようにしましょう。

❺ 次のピンインを漢字に直してみましょう。

　中国人の日常生活において，ピンインが頻繁に使われることはありません。ただ，辞書を調べるときには必要不可欠なので，ピンインの読み書きができるようになる必要があります。最初の数回はピンインの練習になりますが，徐々にピンインを減らしていきます。また練習問題の形式は文法項目によって異なることがあります。

❻ 次の中国語を日本語に訳してみましょう。

　ここでは習った基本文型の応用練習を行います。基本文型の真似をしながら，新出語句を入れ替えてみましょう。

❼ 音声を聞いて，漢字とピンインで書いてみましょう。

　外国語の勉強は聞き取りも大事です。発音を聞いて理解できないと真の意味で外国語をマスターしたとは言えません。そこで，ここではリスニング力を鍛えるために，書き取り問題を行います。基本文型などが身についたかどうか，言葉を音声から認識できるかどうかの確認を行います。

❽ 次の日本語を中国語に訳してみましょう。

　基本文型をベースとして様々な応用練習をすることにより，文型や語句をその日中に定着させることができます。

目次 📖

動詞 "是"

1 我是日本人。
Wǒ shì Rìběnrén.
私は日本人です。

001

他是中国人。
Tā shì Zhōngguórén.
彼は中国人です。

2 这是中日词典。
Zhè shì Zhōng-Rì cídiǎn.
これは中日辞典です。

那是红茶。
Nà shì hóngchá.
それは紅茶です。

3 那是韩国的化妆品。
Nà shì Hánguó de huàzhuāngpǐn.
あれは韓国の化粧品です。

这是他的书包。
Zhè shì tā de shūbāo.
これは彼のカバンです。

4 他不是法国人。
Tā bú shì Fǎguórén.
彼はフランス人ではありません。

这不是我的手机。
Zhè bú shì wǒ de shǒujī.
これは私の携帯電話ではありません。

5 她也是中国人。
Tā yě shì Zhōngguórén.
彼女も中国人です。

这也是我的圆珠笔。
Zhè yě shì wǒ de yuánzhūbǐ.
これも私のボールペンです。

6 我们都是高中生。
Wǒmen dōu shì gāozhōngshēng.
私たちは皆高校生です。

他们都是医生。
Tāmen dōu shì yīshēng.
彼らは皆医者です。

動詞述語文（吃 / 喝 / 看 / 听 / 学 / 买）

1 我吃中国菜。
Wǒ chī zhōngguócài.

私は中華料理を食べます。

她吃日本菜。
Tā chī rìběncài.

彼女は日本料理を食べます。

2 我喝咖啡。
Wǒ hē kāfēi.

私はコーヒーを飲みます。

他不喝红茶。
Tā bù hē hóngchá.

彼は紅茶を飲みません。

3 我看电影。
Wǒ kàn diànyǐng.

私は映画を見ます。

她也看电视。
Tā yě kàn diànshì.

彼女もテレビを見ます。

4 我听音乐。
Wǒ tīng yīnyuè.

私は音楽を聴きます。

他听广播。
Tā tīng guǎngbō.

彼はラジオを聴きます。

5 我学汉语。
Wǒ xué Hànyǔ.

私は中国語を学びます。

她学英语。
Tā xué Yīngyǔ.

彼女は英語を学びます。

6 我买杂志。
Wǒ mǎi zázhì.

私は雑誌を買います。

我们都买苹果手机。
Wǒmen dōu mǎi Píngguǒ shǒujī.

私たちは皆 iPhone を買います。

002

動詞述語文（去 / 来）

1 我去学校。 私は学校に行きます。
Wǒ qù xuéxiào.

003

他去公司。 彼は会社に行きます。
Tā qù gōngsī.

2 我去查资料。 私は資料を調べに行きます。
Wǒ qù chá zīliào.

她去买东西。 彼女は買い物に行きます。
Tā qù mǎi dōngxi.

3 我去图书馆查资料。 私は図書館に資料を調べに行きます。
Wǒ qù túshūguǎn chá zīliào.

她去超市买东西。 彼女はスーパーマーケットに買い物に行きます。
Tā qù chāoshì mǎi dōngxi.

4 他来我家。 彼は私の家に来ます。
Tā lái wǒ jiā.

我来锻炼身体。 私は体を鍛えに来ます。
Wǒ lái duànliàn shēntǐ.

5 他来我家玩儿。 彼は私の家に遊びに来ます。
Tā lái wǒ jiā wánr.

我来这儿锻炼身体。 私はここに体を鍛えに来ます。
Wǒ lái zhèr duànliàn shēntǐ.

6 咱们一起去打网球吧。 私たちは一緒にテニスをしに行きましょう。
Zánmen yìqǐ qù dǎ wǎngqiú ba.

咱们一起去看电影吧。 私たちは一緒に映画を見に行きましょう。
Zánmen yìqǐ qù kàn diànyǐng ba.

動詞 "喜欢"

1 他（她）喜欢我。
Tā xǐhuan wǒ.
彼（彼女）は私が好きです。

我喜欢他（她）。
Wǒ xǐhuan tā.
私は彼（彼女）が好きです。

2 妈妈喜欢狗。
Māma xǐhuan gǒu.
お母さんは犬が好きです。

我喜欢猫。
Wǒ xǐhuan māo.
私は猫が好きです。

3 妈妈喜欢看电视。
Māma xǐhuan kàn diànshì.
お母さんはテレビを見るのが好きです。

我喜欢玩儿游戏。
Wǒ xǐhuan wánr yóuxì.
私はゲームをするのが好きです。

4 我很喜欢游泳。
Wǒ hěn xǐhuan yóu yǒng.
私は泳ぐのが（とても）好きです。

他很喜欢看书。
Tā hěn xǐhuan kàn shū.
彼は本を読むのが（とても）好きです。

5 我特别喜欢吃水饺儿。
Wǒ tèbié xǐhuan chī shuǐjiǎor.
私は水ギョーザを食べるのが特に好きです。

她特别喜欢吃涮羊肉。
Tā tèbié xǐhuan chī shuànyángròu.
彼女はしゃぶしゃぶを食べるのが特に好きです。

6 我不喜欢吃香菜。
Wǒ bù xǐhuan chī xiāngcài.
私はパクチーを食べるのが好きではありません。

他不喜欢喝啤酒。
Tā bù xǐhuan hē píjiǔ.
彼はビールを飲むのが好きではありません。

004

動詞 "在" & 前置詞 "在"

1 妈妈在家。　　お母さんは家にいます。
Māma zài jiā.

姐姐在美国。　　姉はアメリカにいます。
Jiějie zài Měiguó.

2 你的手机在那儿。　　あなたの携帯電話はあそこにあります。
Nǐ de shǒujī zài nàr.

他的书包在这儿。　　彼のカバンはここにあります。
Tā de shūbāo zài zhèr.

3 他不在图书馆。　　彼は図書館にいません。
Tā bú zài túshūguǎn.

王老师不在办公室。　　王先生は事務室にいません。
Wáng lǎoshī bú zài bàngōngshì.

4 我们学校不在东京。　　私たちの学校は東京にいません。
Wǒmen xuéxiào bú zài Dōngjīng.

我家不在车站附近。　　私の家は駅付近にありません。
Wǒ jiā bú zài chēzhàn fùjìn.

5 我在家吃饭。　　私は家でご飯を食べます。
Wǒ zài jiā chī fàn.

他在健身房工作。　　彼はジムで働いています。
Tā zài jiànshēnfáng gōngzuò.

6 她不在咖啡店喝咖啡。　　彼女は喫茶店でコーヒーを飲んでいません。
Tā bú zài kāfēidiàn hē kāfēi.

他不在家玩儿游戏。　　彼は家でゲームをしません。
Tā bú zài jiā wánr yóuxì.

動詞 "有"

1 我有一个妹妹。
Wǒ yǒu yí ge mèimei.
私には妹が（1人）います。

他有一个弟弟。
Tā yǒu yí ge dìdi.
彼には弟が（1人）います。

2 我们学校有一个图书馆。
Wǒmen xuéxiào yǒu yí ge túshūguǎn.
私たちの学校には図書館があります。

他们公司有两个食堂。
Tāmen gōngsī yǒu liǎng ge shítáng.
彼らの会社には食堂が2つあります。

3 她也有一个弟弟。
Tā yě yǒu yí ge dìdi.
彼女にも弟がいます。

我也有两件羽绒服。
Wǒ yě yǒu liǎng jiàn yǔróngfú.
私にもダウンジャケットが2着あります。

4 她有很多朋友。
Tā yǒu hěn duō péngyou.
彼女にはたくさんの友達がいます。

我家有一百本漫画。
Wǒ jiā yǒu yì bǎi běn mànhuà.
私の家には百冊のマンガがあります。

5 我没有电脑。
Wǒ méiyǒu diànnǎo.
私はパソコンを持っていません。

我没有雨伞。
Wǒ méiyǒu yǔsǎn.
私は傘を持っていません。

6 我家附近没有医院。
Wǒ jiā fùjìn méiyǒu yīyuàn.
私の家の近くには病院がありません。

他家没有电视。
Tā jiā méiyǒu diànshì.
彼の家にはテレビがありません。

006

名詞述語文 (曜日, 年月日, 時間, 年齢)

1 今天星期二。 今日は火曜日です。
Jīntiān xīngqī'èr.

明天星期三。 明日は水曜日です。
Míngtiān xīngqīsān.

2 今年二零二四年。 今年は2024年です。
Jīnnián èr líng èr sì nián.

明年二零二五年。 来年は2025年です。
Míngnián èr líng èr wǔ nián.

3 今天四月六号/日。 今日は4月6日です。
Jīntiān sì yuè liù hào/rì.

明天四月七号/日。 明日は4月7日です。
Míngtiān sì yuè qī hào/rì.

4 现在十一点。 いま11時です。
Xiànzài shíyī diǎn.

现在两点一刻。 いま2時15分です。
Xiànzài liǎng diǎn yíkè.

5 我今年十八岁。 私は今年18歳です。
Wǒ jīnnián shíbā suì.

他二十岁。 彼は20歳です。
Tā èrshí suì.

6 后天不是星期五。 明後日は金曜日ではありません。
Hòutiān bú shì xīngqīwǔ.

我不是十九岁。 私は19歳ではありません。
Wǒ bú shì shíjiǔ suì.

形容詞述語文

1 汉语很难。
Hànyǔ hěn nán.
中国語は難しいです。

008

英语不难。
Yīngyǔ bù nán.
英語は難しくありません。

2 你的发音很好。
Nǐ de fāyīn hěn hǎo.
あなたの発音はとてもいいです。

这家寿司店的口碑很好。
Zhèi jiā shòusīdiàn de kǒubēi hěn hǎo.
この寿司屋の評判はとてもいいです。

3 中国菜很好吃。
Zhōngguócài hěn hǎochī.
中華料理はとてもおいしいです。

日本菜不油腻。
Rìběncài bù yóunì.
日本料理は脂っこくありません。

4 麻婆豆腐很辣。
Mápó dòufu hěn là.
マーボー豆腐はとても辛いです。

红茶很好喝。
Hóngchá hěn hǎohē.
紅茶はとてもおいしいです。

5 这件衣服不贵。
Zhèi jiàn yīfu bú guì.
この服は(値段が)高くありません。

这条裙子很便宜。
Zhèi tiáo qúnzi hěn piányi.
このスカートはとても安いです。

6 这本书很有意思。
Zhèi běn shū hěn yǒu yìsi.
この本はとても面白いです。

今天很热。
Jīntiān hěn rè.
今日はとても暑いです。

疑問表現

009

1 你是日本人吗？
Nǐ shì Rìběnrén ma?

あなたは日本人ですか。

你有手机吗？
Nǐ yǒu shǒujī ma?

あなたは携帯電話を持っていますか。

2 我吃中国菜，你呢？
Wǒ chī zhōngguócài, nǐ ne?

私は中華料理を食べますが、あなたは？

我喝咖啡，你呢？
Wǒ hē kāfēi, nǐ ne?

私はコーヒーを飲みますが、あなたは？

3 你喝不喝红茶？
Nǐ hē bu hē hóngchá?

あなたは紅茶を飲みますか。

你吃不吃麻婆豆腐？
Nǐ chī bu chī mápó dòufu?

あなたはマーボー豆腐を食べますか。

4 你买什么？
Nǐ mǎi shénme?

あなたは何を買いますか。

你喝什么饮料？
Nǐ hē shénme yǐnliào?

あなたは何の飲料を飲みますか。

5 钥匙在哪儿？
Yàoshi zài nǎr?

鍵はどこにありますか。

厕所在哪儿？
Cèsuǒ zài nǎr?

トイレはどこにありますか。

6 今天几号？
Jīntiān jǐ hào?

今日は何日ですか。

你吃几个饺子？
Nǐ chī jǐ ge jiǎozi?

あなたはギョーザを何個食べますか。

7 你喝咖啡还是喝红茶？
Nǐ hē kāfēi háishi hē hóngchá?

あなたはコーヒーを飲みますか
それとも紅茶を飲みますか。

你吃日本菜还是吃法国菜？
Nǐ chī rìběncài háishi chī fǎguócài?

あなたは日本料理を食べますかそれとも
フランス料理を食べますか。

助詞 "了/过"

1 他喝了一杯啤酒。
Tā hēle yì bēi píjiǔ.
彼はビールを (1杯) 飲みました。

010

我买了一本书。
Wǒ mǎile yì běn shū.
私は本を (1冊) 買いました。

2 他回了一趟家。
Tā huíle yí tàng jiā.
彼は家に一度帰りました。

去年我去了一次中国。
Qùnián wǒ qùle yí cì Zhōngguó.
去年私は中国に (一度) 行きました。

3 我们在车站等了一个小时。
Wǒmen zài chēzhàn děngle yí ge xiǎoshí.
私たちは駅で1時間待ちました。

我们商量了一下。
Wǒmen shāngliangle yíxià.
私たちは (ちょっと) 相談しました。

4 妈妈准备了一点儿下酒菜。
Māma zhǔnbèile yìdiǎnr xiàjiǔcài.
お母さんは酒のおつまみを少し用意しました。

老师留了一些作业。
Lǎoshī liúle yìxiē zuòyè.
先生は宿題を少し出しました。

5 这个苹果坏了。
Zhèi ge píngguǒ huài le.
このリンゴは腐っています。

他去香港出差了。
Tā qù Xiānggǎng chū chāi le.
彼は香港へ出張しに行きました。

6 我去过中国。
Wǒ qùguo Zhōngguó.
私は中国に行ったことがあります。

你吃过水饺儿吗？
Nǐ chīguo shuǐjiǎor ma?
あなたは水ギョーザを食べたことがありますか。

7 我没学过法语。
Wǒ méi xuéguo Fǎyǔ.
私はフランス語を習ったことがありません。

我没养过猫。
Wǒ méi yǎngguo māo.
私は猫を飼ったことがありません。

動詞"想"& 助動詞"想"

 011

1 你想我吗？
Nǐ xiǎng wǒ ma?
（あなたは）私のことが恋しいですか。

我想你。
Wǒ xiǎng nǐ.
私はあなたが恋しいです。

2 我想吃锅贴儿。
Wǒ xiǎng chī guōtiēr.
私は焼きギョーザを食べたいです。

我想喝可口可乐。
Wǒ xiǎng hē kěkǒu kělè.
私はコカ・コーラを飲みたいです。

3 我很想学开车。
Wǒ hěn xiǎng xué kāi chē.
私は運転をとても習いたいです。

我很想去唱卡拉OK。
Wǒ hěn xiǎng qù chàng kǎlā ok.
私はカラオケをとても歌いに行きたいです。

4 大家都想休息一下。
Dàjiā dōu xiǎng xiūxi yíxià.
みんなちょっと休憩したいです。

我们都想去买点儿纪念品。
Wǒmen dōu xiǎng qù mǎi diǎnr jìniànpǐn.
私たちは皆記念品を買いに行きたいです。

5 你想不想去中国留学？
Nǐ xiǎng bu xiǎng qù Zhōngguó liú xué?
あなたは中国へ留学に行きたいですか。

你想不想去京都旅游？
Nǐ xiǎng bu xiǎng qù Jīngdū lǚyóu?
あなたは京都へ旅行に行きたいですか。

6 我不想开车去。
Wǒ bù xiǎng kāi chē qù.
私は車で行きたくありません。

我不想骑自行车去。
Wǒ bù xiǎng qí zìxíngchē qù.
私は自転車で行きたくありません。

比較表現

012

1 她的英语比我好。
Tā de Yīngyǔ bǐ wǒ hǎo.
> 彼女の英語は私よりいいです。

这个菜比那个菜辣。
Zhèi ge cài bǐ nèi ge cài là.
> この料理はその料理より辛いです。

2 滑雪比游泳有意思。
Huá xuě bǐ yóu yǒng yǒu yìsi.
> スキーは水泳より面白いです。

打网球比打高尔夫球有意思。
Dǎ wǎngqiú bǐ dǎ gāo'ěrfūqiú yǒu yìsi.
> テニスはゴルフより面白いです。

3 今天比昨天更热。
Jīntiān bǐ zuótiān gèng rè.
> 今日は昨日よりもっと暑いです。

生煎包比锅贴儿更好吃。
Shēngjiānbāo bǐ guōtiēr gèng hǎochī.
> 焼きショーロンポーは焼きギョーザより
> もっとおいしいです。

4 他个子有你高吗？
Tā gèzi yǒu nǐ gāo ma?
> 彼は身長があなたほど高いですか。

湖南菜有四川菜辣吗？
Húnáncài yǒu sìchuāncài là ma?
> 湖南料理は四川料理ほど辛いですか。

5 弟弟的个子有桌子这么高。
Dìdi de gèzi yǒu zhuōzi zhème gāo.
> 弟の身長は机と同じくらいの高さです。

他家的客厅有你家（的客厅）那么宽敞吗？
Tā jiā de kètīng yǒu nǐ jiā(de kètīng)nàme kuānchang ma?
彼の家のリビングルームはあなたの家（のリビングルーム）ほど広いですか。

6 他家没有我家远。
Tā jiā méiyǒu wǒ jiā yuǎn.
> 彼の家は私の家ほど遠くありません。

我没有她那么讲究。
Wǒ méiyǒu tā nàme jiǎngjiu.
> 私は彼女ほど（そんなに）こだわりません。

程度表現

013

1 我家离学校很近。
Wǒ jiā lí xuéxiào hěn jìn.

私の家は学校からとても近いです。

这件羽绒服很漂亮。
Zhèi jiàn yǔróngfú hěn piàoliang.

このダウンジャケットはとても綺麗です。

2 今天特别热。
Jīntiān tèbié rè.

今日は非常に暑いです。

这儿的口碑特别好。
Zhèr de kǒubēi tèbié hǎo.

ここの評判は非常にいいです。

3 这个菜咸极了。
Zhèi ge cài xián jíle.

この料理はすごく塩辛いです。

这个箱子重极了。
Zhèi ge xiāngzi zhòng jíle.

この箱はすごく重いです。

4 车站有点儿远。
Chēzhàn yǒudiǎnr yuǎn.

駅は少し遠いです。

这个书包有点儿贵。
Zhèi ge shūbāo yǒudiǎnr guì.

このかばんは少し高いです。

5 他个子比我更高。
Tā gèzi bǐ wǒ gèng gāo.

彼は身長が私よりもっと高いです。

妹妹比弟弟更聪明。
Mèimei bǐ dìdi gèng cōngming.

妹は弟よりもっと賢いです。

6 汉语这么难啊。
Hànyǔ zhème nán a.

中国語はこんなに難しいんですね。

机场那么远（啊）。
Jīchǎng nàme yuǎn(a).

空港はそんなに遠いんですね。

（10点満点）

(1) （　）内に適切な語句を入れてみましょう。

① 我们学校不（　　　　　）东京。

② 她也（　　　　　）一个弟弟。

③ 我们在车站等（　　　　　）一个小时。

④ 这个书包（　　　　　）贵。

⑤ 这个菜（　　　　　）那个菜辣。

(2) 次の日本語を中国語に訳してみましょう。

① 中国語はこんなに難しいんですね。

_____

② 私は焼きギョーザを食べたいです。

_____

③ この寿司屋の評判はとてもいいです。

_____

④ あさっては金曜日ではありません。

_____

⑤ 私達は一緒にテニスをしに行きましょう。

_____

基本文型

日本の富士山はどのぐらい高いですか。

🔊 014

日本的富士山多高？

Rìběn de fùshìshān duō gāo?

"多"は疑問文に用いられます。度量衡を表す形容詞の前に置き，面積，高さ，長さ，距離などを尋ね，「どのぐらい〜？」の意味を表します。また"多"の前に"有"を加え，「どのぐらいの〜があるか」という意味を表すこともあります。一方、"你多大?"は年齢を尋ねる表現です。

文の構造を確認してみましょう。（述語を中心に）

高

多高

富士山多高

日本的富士山多高

🔊 015

	漢字		ピンイン	意味
1	多	副	duō	(疑問文に用いて) どのぐらい
2	高	形	gāo	高い
3	黄河	名	Huánghé	黄河 (中国の川)
4	长	形	cháng	長い
5	深	形	shēn	深い
6	重	形	zhòng	重い

中国語の漢字を確認してみましょう。

黄河　黄 黄 黄 黄 黄 黄 黄 黄 黄 黄 黄

次の中国語を日本語に訳してみましょう。 016

中国的黄河多长？ / 中国的黄河有多长？

你妹妹今年多大？

日本語の意味に合うように，語順を並べ替えてみましょう。

中国の黄河はどのぐらい深いですか。
[黄河 / 深 / 多 / 的 / 中国]

彼は身長がどのぐらい高いですか。
[他 / 高 / 多 / 个子]

音声を聞いて，漢字で書いてみましょう。 017

漢字

漢字

次の日本語を中国語に訳してみましょう。

あなたの弟は今年何歳ですか。

この箱はどのぐらい重いですか。

あなたの家は学校からどのぐらい遠いですか。

_____月_____日

基本文型

ここの景色は実に美しいです。

🔊 018

这儿的风景太美了。

Zhèr de fēngjǐng tài měi le.

> 副詞"太"は形容詞の前に使い，程度が過ぎる意味を表します。文末に助詞"了"をよく伴います。"太〜了"の形で用いる場合，「〜過ぎる，あまりにも」という意味だけでなく，「実に，本当に」など，感嘆の意味を表すこともできます。

文の構造を確認してみましょう。（述語を中心に）

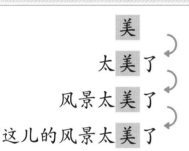

🔊 019

	漢字		ピンイン	意味
1	风景	名	fēngjǐng	景色
2	太〜了		tài〜le	実に，〜過ぎる，すごく
3	美	形	měi	美しい，綺麗だ
4	丰盛	形	fēngshèng	豊富だ，盛沢山
5	熊猫	名	xióngmāo	パンダ
6	甜	形	tián	甘い

中国語の漢字を確認してみましょう。

26

次の中国語を日本語に訳してみましょう。
020

今天的菜太丰盛了。

─────────────────────────

这件衣服太贵了。

─────────────────────────

日本語の意味に合うように，語順を並べ替えてみましょう。

パンダは実にかわいいです。
［可爱 / 太 / 熊猫 / 了］

─────────────────────────

この機会はすごく貴重です。
［太 / 这 / 难得 / 机会 / 了 / 个］

─────────────────────────

音声を聞いて，漢字で書いてみましょう。
021

漢字

漢字

次の日本語を中国語に訳してみましょう。

この猫は実にかわいいです。

─────────────────────────

この料理は塩辛すぎます。

─────────────────────────

このデザートは甘すぎます。

─────────────────────────

27

基本文型

（あなたは）このレストランをどう思いますか。

🔊 022

你觉得这家饭店怎么样?

Nǐ juéde zhèi jiā fàndiàn zěnmeyàng?

動詞"觉得"は感覚的に「〜と思う」という意味を表します。後ろによく文を目的語にとります。否定は"不觉得〜"になります。"觉得不〜"という形もありますが，否定される部分が異なるため，意味も違います。

文の構造を確認してみましょう。（述語を中心に）

觉得

觉得 〜怎么样

觉得 这家饭店怎么样

你 觉得 这家饭店怎么样

🔊 023

	漢字		ピンイン	意味
1	觉得	動	juéde	感じる，〜と思う
2	饭店	名	fàndiàn	レストラン，ホテル
3	计划	名	jìhuà	計画
4	不错	形	búcuò	悪くない，よい
5	饿	形	è	おなかがすく
6	店	名	diàn	店

中国語の漢字を確認してみましょう。

觉得　　觉　觉　觉　觉　觉　觉　觉　觉　觉

次の中国語を日本語に訳してみましょう。
024

我觉得这个计划不错。

我也觉得有点儿饿了。

日本語の意味に合うように，語順を並べ替えてみましょう。

（あなたは）iPhone は（値段が）高いと思いますか。
［贵 / 你 / 贵 / 觉得 / 不 / 苹果手机］

（私は）この店のマーボー豆腐はおいしいとは思いません。
［觉得 / 这 / 不 / 麻婆豆腐 / 店 / 我 / 的 / 好吃 / 家］

音声を聞いて，漢字で書いてみましょう。
025

漢字

漢字

次の日本語を中国語に訳してみましょう。

あなたはこの本を面白いと思いますか。

あなたはコーヒーがおいしいと思いますかそれとも紅茶がおいしいと思いますか。

（私は）日本の化粧品はとてもいいと思います。

基本文型

今日はあまり暑くありません。

026

今天不太热。

Jīntiān bú tài rè.

副詞 "太" は程度が過ぎる意味を表しますが，否定副詞 "不" と一緒に使うことにより，否定の語気が和らぎます。「"不" ＋ "太" ＋形容詞・動詞」の形で用いられ，「あまり～ない」という意味を表します。

文の構造を確認してみましょう。（述語を中心に）

热

不太**热**

今天不太**热**

027

	漢字		ピンイン	意味
1	不太		bú tài	あまり～ない
2	颜色	名	yánsè	色
3	一样	形	yíyàng	同じだ，違いがない
4	蔬菜	名	shūcài	野菜
5	新鲜	形	xīnxiān	新鮮だ
6	性格	名	xìnggé	性格

中国語の漢字を確認してみましょう。

蔬菜

蔬 蔬 蔬 蔬 蔬 蔬 蔬 蔬
蔬 蔬 蔬 蔬 蔬 蔬 蔬

次の中国語を日本語に訳してみましょう。
028

这两件衣服的颜色不太一样。

今天买的蔬菜不太新鲜。

日本語の意味に合うように，語順を並べ替えてみましょう。

兄と弟の性格はあまり似ていません（同じではありません）。
［性格 / 哥哥 / 不太 / 弟弟 / 一样 / 和 / 的］

ここの果物はあまり新鮮ではありません。
［不太 / 水果 / 这儿 / 新鲜 / 的］

音声を聞いて，漢字で書いてみましょう。
029

漢字

漢字

次の日本語を中国語に訳してみましょう。

その靴とこの靴の色はあまり似ていません（同じではありません）。

私の家は学校からあまり遠くありません。

（私は）ここの料理はあまり脂っこくないと思います。

基本文型

このリンゴはとても甘いです。

🔊 030

这个苹果挺甜的。

Zhèi ge píngguǒ tǐng tián de.

🐼 "挺"は程度副詞で，話し言葉に多く使われ，「とても，かなり」などの意味を表します。"挺"は程度が高いことを表すと同時に，話し手の納得したり，同情したりするような主観的な気持ちも含まれるため，"挺"に修飾される形容詞や動詞の後ろにはしばしば"的"を伴います。

文の構造を確認してみましょう。（述語を中心に）

甜

挺甜的

苹果挺甜的

这个苹果挺甜的

🔊 031

	漢字		ピンイン	意味
1	挺	副	tǐng	とても
2	辛苦	形	xīnkǔ	苦労する，つらい
3	交通	名	jiāotōng	交通
4	方便	形	fāngbiàn	便利だ
5	老实	形	lǎoshi	誠実だ，おとなしい
6	烤肉	名	kǎoròu	焼肉

中国語の漢字を確認してみましょう。

苹果 苹 苹 苹 苹 苹 苹 苹 苹

次の中国語を日本語に訳してみましょう。
032

他每天工作挺辛苦的。

東京的交通挺方便的。

日本語の意味に合うように，語順を並べ替えてみましょう。

ノートパソコンはとても安いです。
［挺 / 笔记本电脑 / 的 / 便宜］

この機会はとても貴重です。
［机会 / 这 / 挺 / 难得 / 个 / 的］

音声を聞いて，漢字で書いてみましょう。
033

漢字

漢字

次の日本語を中国語に訳してみましょう。

この傘はとても丈夫です。

私の妹はとてもおとなしいです。

焼肉はとてもおいしいです。

33

基本文型

彼は何冊もの参考書を買いました。

🔊 034

他买了好几本参考书。

Tā mǎile hǎojǐ běn cānkǎoshū.

 "好几"における"好"は副詞で,「"好几"＋助数詞」の形で「量が多い」こと,「いくつもの〜」という強調の意味を表します。

文の構造を確認してみましょう。（述語を中心に）

买

买 〜参考书

买 了好几本参考书

他 买 了好几本参考书

🔊 035

	漢字		ピンイン	意味
1	好几	数	hǎojǐ	いくつもの〜
2	打麻将		dǎ májiàng	麻雀をする
3	封	量	fēng	（メール，手紙などを数える）通
4	电子邮件	名	diànzǐ yóujiàn	電子メール
5	走	動	zǒu	歩く，行く
6	公里	量	gōnglǐ	キロメートル

中国語の漢字を確認してみましょう。

麻将　将　将　将　将　将　将　将
　　　将　将

次の中国語を日本語に訳してみましょう。 036

昨天我写了好几封电子邮件。

星期天他打了好几个小时麻将。

日本語の意味に合うように，語順を並べ替えてみましょう。

弟はケーキを何個も食べました。
［好几 / 弟弟 / 了 / 蛋糕 / 块 / 吃］

彼は駅で何時間も待っていました。
［在 / 等 / 好几 / 他 / 了 / 个 / 车站 / 小时］

音声を聞いて，漢字で書いてみましょう。 037

漢字

漢字

次の日本語を中国語に訳してみましょう。

昨日私はミカンを何個も食べました。

お父さんはコーヒーを何杯も飲みました。

土曜日，私は何キロも歩きました。

（10点満点）

●次の中国語を日本語に訳してみましょう。

① 打麻将　　dǎ májiàng　　▶

② 颜色　　yánsè　　▶

③ 公里　　gōnglǐ　　▶

④ 不错　　búcuò　　▶

⑤ 甜　　tián　　▶

⑥ 方便　　fāngbiàn　　▶

⑦ 走　　zǒu　　▶

⑧ 辛苦　　xīnkǔ　　▶

⑨ 饿　　è　　▶

⑩ 觉得　　juéde　　▶

（10点満点）

●次の日本語を中国語に訳してみましょう。

① あなたの家は学校からどのぐらい遠いですか。

_____

② ここのくだものはあまり新鮮ではありません。

_____

③ この傘はとても丈夫です。（挺～的）

_____

④ 彼は駅で何時間も待っていました。

_____

⑤ （私は）日本の化粧品はとてもいいと思います。

_____

⑥ お父さんはコーヒーを何杯も飲みました。

_____

⑦ 彼は身長がどのぐらい高いですか。

_____

⑧ この機会はすごく貴重です。

_____

⑨ ノートパソコンはとても安いです。（挺～的）

_____

⑩ この店のマーボー豆腐はとてもおいしいと思います。

_____

私はバドミントンができます。

))) 038

我会打羽毛球。

Wǒ huì dǎ yǔmáoqiú.

"会"は助動詞です。動詞の前に用い，練習や習得を通して技能が身についていることを表します。日本語では「できる」という意味になります。

文の構造を確認してみましょう。（述語を中心に）

打

打 羽毛球

会 打 羽毛球

我 会 打 羽毛球

))) 039

	漢字		ピンイン	意味
1	会	助動	huì	できる
2	羽毛球	名	yǔmáoqiú	バドミントン
3	下象棋		xià xiàngqí	将棋を指す
4	棒球	名	bàngqiú	野球
5	跳舞	動	tiào wǔ	踊る，ダンスをする
6	歌儿	名	gēr	歌

中国語の漢字を確認してみましょう。

哥哥　哥　哥　哥　哥　哥　哥　哥
　　　哥　哥　哥

イラストを見て，漢字で書いてみましょう。

弟弟会

他会

日本語の意味に合うように，語順を並べ替えてみましょう。

私も踊ることができます。
［会 / 我 / 跳舞 / 也］

私の祖父（父方）は将棋をさすことができます。
［我 / 会 / 爷爷 / 下象棋］

音声を聞いて，漢字で書いてみましょう。
040

漢字

漢字

次の日本語を中国語に訳してみましょう。

私の兄は野球をすることができます。

あなたは将棋をさすことができますか。

私の姉も中国の歌を歌うことができます。

基本文型

彼女はとても話し上手です。

🔊 041

她很会说话。

Tā hěn huì shuō huà.

 助動詞"会"は「～に長けている，～するのがうまい」という意味を表すことも できます。この意味で用いられる時，"会"の前によく程度副詞"很"をつけます。

文の構造を確認してみましょう。（述語を中心に）

说话

会 说话

很会 说话

她很会 说话

🔊 042

	漢字		ピンイン	意味
1	会	助動	huì	～するのが上手だ
2	说话	動	shuō huà	話す
3	拍马屁		pāi mǎpì	ごまをする，おべっかを使う
4	开玩笑		kāi wánxiào	冗談を言う
5	安慰	動	ānwèi	慰める
6	过日子		guò rìzi	生計を立てる，生きる

中国語の漢字を確認してみましょう。

拍马屁　马　马　马

次の中国語を日本語に訳してみましょう。 043

我妈妈很会做菜。

他很会拍马屁。

日本語の意味に合うように，語順を並べ替えてみましょう。

彼女はとても買い物上手です。
［会 / 她 / 买东西 / 很］

王先生は冗談がとてもうまいです。
［开玩笑 / 王老师 / 会 / 很］

音声を聞いて，漢字で書いてみましょう。 044

漢字

漢字

次の日本語を中国語に訳してみましょう。

王さんは人を慰めるのがとても上手です。

彼も冗談を言うのがとてもうまいです。

彼女はやりくり（生計を立てる）がとても上手です。

基本文型

私はピザを作ることができません。

🔊 045

我不会做比萨饼。

Wǒ bú huì zuò bǐsàbǐng.

🐼 助動詞"会"の否定は"不会"です。「～に長けている，～するのがうまい」という意味を表す場合，肯定形は"很会"のように"很"をつけますが，否定形は"很"をつける必要がありません。

文の構造を確認してみましょう。（述語を中心に）

做

做 比萨饼

不会 做 比萨饼

我不会 做 比萨饼

🔊 046

	漢字		ピンイン	意味
1	比萨饼	名	bǐsàbǐng	ピザ
2	做家务		zuò jiāwù	家事をする
3	德语	名	Déyǔ	ドイツ語
4	踢	動	tī	蹴る
5	足球	名	zúqiú	サッカー
6	滑冰	動	huá bīng	スケートをする

中国語の漢字を確認してみましょう。

比萨饼 　饼 饼 饼 饼 饼 饼 饼 饼 饼

他不会做家务。

___

小王不会拍马屁。

___

日本語の意味に合うように，語順を並べ替えてみましょう。

私はドイツ語を話すことができません。
［我 / 说 / 不 / 德语 / 会］

___

私の妹も人を慰めるのがうまくありません。
［也 / 会 / 我妹妹 / 人 / 不 / 安慰］

___

漢字

___

漢字

___

次の日本語を中国語に訳してみましょう。

私は冗談を言うのがうまくありません。

___

彼もサッカーをすることができません。

___

私たちはみなスケートをすることができません。

___

＿＿月＿＿日

基本文型

（あなたは）インターネットで調べることができます。

049

你可以上网查一下。

Nǐ kěyǐ shàng wǎng chá yíxià.

助動詞“可以”は動詞の前に用いて，「可能，許可，勧め」などの意味を表します。日本語の「～ができる，～してよい，～するとよい」に訳すことができます。

文の構造を確認してみましょう。（述語を中心に）

查

查一下

上网查一下

可以上网查一下

你可以上网查一下

050

	漢字		ピンイン	意味
1	可以	助動	kěyǐ	（許可などを表す）～してよろしい，できる
2	上网	動	shàng wǎng	インターネットにアクセスする
3	新干线	名	xīngànxiàn	新幹線
4	停车	動	tíng chē	停車する
5	问	動	wèn	問う，質問する
6	参加	動	cānjiā	参加する

中国語の漢字を確認してみましょう。

坐新干线

线　线　线　线　线　线
线　线

次の中国語を日本語に訳してみましょう。
051

你可以骑摩托车去。

我可以回家吗？

日本語の意味に合うように，語順を並べ替えてみましょう。

あなたは新幹線で行っていいです。
[你 / 去 / 新干线 / 坐 / 可以]

ここは駐車していいですか。
[可以 / 这儿 / 吗 / 停车]

音声を聞いて，漢字で書いてみましょう。
052

漢字

漢字

次の日本語を中国語に訳してみましょう。

（あなたは）事務室に行って聞いてみるといいです。

留学生も参加することができますか。

私は王さんと一緒に行ってもいいですか。

基本文型

ここはタバコを吸うことができません。

🔊 053

这儿**不可以**抽烟。

Zhèr bù kěyǐ chōu yān.

🐼 "可以"が可能・許可の意味を表す時の否定は"不能 néng"（P.54 "能"を参照）を使いますが，ただし許可の場合の否定は"不可以"を用いることもできます。

文の構造を確認してみましょう。（述語を中心に）

抽烟

可以抽烟

不可以抽烟

这儿不可以抽烟

🔊 054

	漢字		ピンイン	意味
1	抽烟		chōu yān	タバコを吸う
2	时候	名	shíhou	時
3	大声		dà shēng	大声
4	喧哗	動・形	xuānhuá	騒ぐ，騒がしい
5	偷懒	動	tōu lǎn	サボる，怠ける
6	放东西		fàng dōngxi	物を置く

中国語の漢字を確認してみましょう。

喧**哗** 哗 哗 哗 哗 哗 哗 哗 哗 哗

次の中国語を日本語に訳してみましょう。 055

学习的时候不可以上网玩儿游戏。

这儿不可以大声喧哗。

日本語の意味に合うように，語順を並べ替えてみましょう。

仕事をする時はサボってはいけません。
[工作 / 可以 / 的 / 不 / 时候 / 偷懒]

ここは大声で話すことができません / してはいけません。
[不 / 这儿 / 大声 / 可以 / 说话]

音声を聞いて，漢字で書いてみましょう。 056

漢字

漢字

次の日本語を中国語に訳してみましょう。

ここは駐車することができません / してはいけない。

宿題をする時は携帯電話を見ることができません / してはいけない。

ここは物を置くことができません / してはいけない。

ここは以前よりだいぶ賑やかになりました。

🔊 057

这儿比以前热闹多了。

Zhèr bǐ yǐqián rènao duōle.

 "多了"は「形容詞＋"多了"」の形で，比較した結果，差が大きいことを表し，「(〜より) ずっと，だいぶ」という意味を表します。

文の構造を確認してみましょう。(述語を中心に)

热闹

热闹 多了

比以前 热闹 多了

这儿比以前 热闹 多了

🔊 058

	漢字		ピンイン	意味
1	热闹	形	rènao	賑やかだ
2	多了		duōle	(〜より) ずっと〜
3	幸运	形	xìngyùn	幸運だ，運が良い
4	轻松	形	qīngsōng	気楽だ
5	开朗	形	kāilǎng	明るい，朗らかだ
6	容易	形	róngyì	易しい

中国語の漢字を確認してみましょう。

 运 运 运 运 运 运 运

次の中国語を日本語に訳してみましょう。
059

他们比我们幸运多了。

今天比昨天凉快多了。

日本語の意味に合うように，語順を並べ替えてみましょう。

今日の仕事は昨日よりずっと楽です。
［昨天 / 多了 / 今天 / 比 / 轻松 / 的 / 工作］

姉は私よりずっと (性格が) 明るいです。
［开朗 / 姐姐 / 多了 / 我 / 比］

音声を聞いて，漢字で書いてみましょう。
060

漢字

漢字

次の日本語を中国語に訳してみましょう。

フランス料理は中華料理よりずっと (値段が) 高いです。

英語は中国語よりずっと易しいです。

私たちの学校の食堂は彼らの学校の食堂よりずっと大きいです。

（10点満点）

●次の中国語を日本語に訳してみましょう。

① 开玩笑　　kāi wánxiào　　▶

② 上网　　shàng wǎng　　▶

③ 会　　huì　　▶

④ 开朗　　kāilǎng　　▶

⑤ 比萨饼　　bǐsàbǐng　　▶

⑥ 棒球　　bàngqiú　　▶

⑦ 偷懒　　tōu lǎn　　▶

⑧ 过日子　　guò rìzi　　▶

⑨ 热闹　　rènao　　▶

⑩ 滑冰　　huá bīng　　▶

（10点満点）

●次の日本語を中国語に訳してみましょう。

① 彼もサッカーをすることができます。

_____

② ここは大声で話すことができません。

_____

③ 私はバドミントンができます。

_____

④ 彼も冗談を言うのがとても上手です。

_____

⑤ 今日の仕事は昨日よりずっと楽です。

_____

⑥ あなたは将棋をさすことができますか。

_____

⑦ 私は王さんと一緒に行ってもいいですか。

_____

⑧ 私はギョーザを作ることができません。

_____

⑨ ここは駐車することができません。

_____

⑩ 彼女は買い物上手です。

_____

基本文型

私はご飯を3杯食べることができます。

🔊 061

我能吃三碗米饭。

Wǒ néng chī sān wǎn mǐfàn.

助動詞 "能" は動詞の前に置き，行為を完成する能力がある，または客観的な条件がそろっていて「できる」という意味を表します。さらに "能" は可能性や許可の意味を表すこともできます。

文の構造を確認してみましょう。（述語を中心に）

吃

吃三碗米饭

能吃三碗米饭

我能吃三碗米饭

🔊 062

	漢字		ピンイン	意味
1	能	助動	néng	（可能の意味を表す）できる
2	米饭	名	mǐfàn	ご飯，ライス
3	解决	動	jiějué	解決する
4	问题	名	wèntí	問題
5	跑	動	pǎo	走る
6	马拉松	名	mǎlāsōng	マラソン

中国語の漢字を確認してみましょう。

解决　解　解　解　解　解　解　解
　　　解　解　解　解　解　解

次の中国語を日本語に訳してみましょう。
063

今天你能开车吗？

_____

我能解决这个问题。

_____

日本語の意味に合うように，語順を並べ替えてみましょう。

私はビールを4杯飲むことができます。
［四 / 我 / 杯 / 喝 / 啤酒 / 能］

_____

あなたはマラソンができますか。
［跑 / 你 / 吗 / 马拉松 / 能］

_____

音声を聞いて，漢字で書いてみましょう。
064

漢字 _____

漢字 _____

次の日本語を中国語に訳してみましょう。

彼はこの問題を解決することができますか。

_____

日曜日，私も来ることができます。

_____

私はギョーザを10個食べることができます。

_____

基本文型

私は今日お酒を飲むことができません。

🔊 065

我今天不能喝酒。

Wǒ jīntiān bù néng hē jiǔ.

 "能"の否定は"不能"になりますが，過去の否定には"没能"が用いられます。なお"不能"で否定する場合，禁止の意味もあります。

文の構造を確認してみましょう。（述語を中心に）

喝

喝 酒

不能 喝 酒

我今天不能 喝 酒

🔊 066

	漢字		ピンイン	意味
1	花生	名	huāshēng	落花生
2	东西	名	dōngxi	もの
3	迟到	動	chídào	遅刻する，遅れる
4	海鲜	名	hǎixiān	海鮮
5	走路	動	zǒu lù	（人）歩く，道を歩く
6	比赛	名	bǐsài	試合

中国語の漢字を確認してみましょう。

比赛

赛 赛 赛 赛 赛 赛 赛 赛
赛 赛 赛 赛 赛 赛

067

我不能吃花生。

我星期天不能和你们一起去。

日本語の意味に合うように，語順を並べ替えてみましょう。

彼女は辛い物を食べることができません。
[她 / 辣 / 不 / 东西 / 吃 / 的 / 能]

明日遅刻することができません。
[能 / 明天 / 迟到 / 不]

音声を聞いて，漢字で書いてみましょう。
068

漢字

漢字

次の日本語を中国語に訳してみましょう。

私の妹は海鮮を食べることができません。

王さんはいま歩くことができません。

私は昨日の試合に参加できませんでした。

55

基本文型

あなたには体を鍛える時間がありますか。

🔊 069

你有时间锻炼身体吗？

Nǐ yǒu shíjiān duànliàn shēntǐ ma?

🐼 "有"を用いる連動文は「（人・場所・時間）＋"有"＋名詞＋動詞（＋目的語）」の形で，「～（に）は～する～がある／いる」という意味を表します。後ろの動詞は意味的にその前に来る名詞を修飾し，"有"の前に人が来る場合，その人は動作を行う主体になります。

文の構造を確認してみましょう。（述語を中心に）

有

有 时间

有 时间锻炼身体

你有 时间锻炼身体吗

🔊 070

	漢字		ピンイン	意味
1	时间	名	shíjiān	時間
2	欧洲	名	Ōuzhōu	ヨーロッパ
3	旅行	動	lǚxíng	旅行する
4	能力	名	nénglì	能力
5	投资	動	tóuzī	投資する
6	项目	名	xiàngmù	プロジェクト

中国語の漢字を確認してみましょう。

欧洲　欧　欧　欧　欧　欧　欧　欧　欧

次の中国語を日本語に訳してみましょう。 071

我有机会去欧洲旅行。

我们公司有能力投资这个项目。

日本語の意味に合うように，語順を並べ替えてみましょう。

私には本を読む時間があります。
［我 / 书 / 有 / 时间 / 看］

彼にもこの仕事をする能力があります。
［他 / 这 / 有 / 也 / 工作 / 做 / 个 / 能力］

音声を聞いて，漢字で書いてみましょう。 072

漢字

漢字

次の日本語を中国語に訳してみましょう。

私の姉にはヨーロッパへ旅行しに行くお金があります。

私たちには皆中国へ留学しに行くチャンスがあります。

あなたには散歩する時間がありますか。

57

基本文型

私の弟にはパソコンを買うお金がありません。

073

我弟弟没有钱买电脑。

Wǒ dìdi méiyǒu qián mǎi diànnǎo.

"有"を用いる連動文の否定は「(人・場所・時間)＋"没有"＋名詞＋動詞（＋目的語）」になり，「～は～する～がない」という意味を表します。

文の構造を確認してみましょう。（述語を中心に）

没有

没有钱

没有钱买电脑

我没有钱买电脑

074

	漢字		ピンイン	意味
1	资格	名	zīgé	資格
2	年轻人	名	niánqīngrén	若者，若い人
3	房子	名	fángzi	家屋，家
4	报名	動	bàomíng	応募する，申し込む
5	跑步	動	pǎo bù	駆け足をする
6	演讲	名	yǎnjiǎng	スピーチコンテスト，講演

中国語の漢字を確認してみましょう。

跑**步**　步　步　步　步　步　步　步

次の中国語を日本語に訳してみましょう。
075

他没有资格参加明天的比赛。

年轻人没有钱买房子。

日本語の意味に合うように，語順を並べ替えてみましょう。

皆さんにはみな応募する資格がありません。
［都 / 大家 / 资格 / 没有 / 报名］

王マネージャーにはジョギングをする時間がありません。
［没有 / 王经理 / 跑步 / 时间］

音声を聞いて，漢字で書いてみましょう。
076

漢字

漢字

次の日本語を中国語に訳してみましょう。

彼にはスピーチコンテストに参加する資格がありません。

私たちにはオーストラリアに留学しに行く機会がありません。

私にはアルバイトをする時間がありません。

_____月_____日

基本文型

先月彼は中国へ出張しに行きました。

077

上个月他去中国出差了。

Shàng ge yuè tā qù Zhōngguó chū chāi le.

"上"は方位を表す名詞，方位詞とも言います。「"上"＋(数)量詞(助数詞)」の形で，「(順序や時間が)前の，先の」という意味を表します。"星期"と一緒に使用する時，"上(个)星期三"のように，助数詞"个"を省略することができます。

文の構造を確認してみましょう。(述語を中心に)

出差

去中国出差了

他去中国出差了

上个月他去中国出差了

078

	漢字		ピンイン	意味
1	上	名	shàng	(順序や時間が)前の，先の
2	练习	動	liànxí	練習する
3	上次		shàng cì	前回
4	红叶	名	hóngyè	紅葉
5	节	量	jié	いくつかに区切られるものを数える
6	课	名	kè	授業

中国語の漢字を確認してみましょう。

练习 练 练 练 练 练 练 练 练

次の中国語を日本語に訳してみましょう。
079

上(个)星期我们练习了好几次。

上次去的那家饭店不错。

日本語の意味に合うように，語順を並べ替えてみましょう。

先週の水曜日，私たちは紅葉を見に行きました。
[看 / 上(个) / 我们 / 了 / 去 / 红叶 / 星期三]

これは前回の授業で出した宿題です。
[这 / 作业 / 课 / 上 / 是 / 的 / 留 / 节]

音声を聞いて，漢字で書いてみましょう。
080

漢字

漢字

次の日本語を中国語に訳してみましょう。

先週の日曜日，私たちは富士山を登りに行きました。

前回買った(あの)本はとてもおもしろかったです。

先週，私はインターネットにアクセスし，ちょっと調べてみました。

基本文型

あの二人は来月結婚します。

))
081

他们俩下个月结婚。

Tāmen liǎ xià ge yuè jié hūn.

"下"は方位を表す名詞，方位詞とも言います。「"下"+（数）量詞（助数詞）」の形で，「（順序や時間が）後の，次の」という意味を表します。"星期"と一緒に使用する時，"下（个）星期三"のように，助数詞"个"を省略することができます。

文の構造を確認してみましょう。（述語を中心に）

結婚

下个月 結婚

他们俩下个月 結婚

))
082

	漢字		ピンイン	意味
1	俩	量	liǎ	2人，2つ
2	下	名	xià	（順序や時間が）後の，次の
3	结婚	動	jié hūn	結婚する
4	下周		xiàzhōu	来週
5	音乐会	名	yīnyuèhuì	コンサート
6	搬家	動	bān jiā	引っ越す

中国語の漢字を確認してみましょう。

他们俩
俩 俩 俩 俩 俩 俩
俩 俩 俩

次の中国語を日本語に訳してみましょう。
083

我想下周三去听音乐会。

下次咱们一起去滑雪吧。

日本語の意味に合うように，語順を並べ替えてみましょう。

王先生は来月引っ越します。
[个 / 王老师 / 下 / 搬家 / 月]

来週の土曜日，私は姉と一緒にピクニックに行きます。
[周六 / 和 / 下 / 去 / 我 / 一起 / 郊游 / 姐姐]

音声を聞いて，漢字で書いてみましょう。
084

漢字

漢字

次の日本語を中国語に訳してみましょう。

来週の日曜日，私は友達とゴルフをしに行きます。

来月，あの2人は北海道へ旅行しに行きます。

来週，私たちは一緒に映画を見に行きましょう。

月　　日

（10点満点）

●次の中国語を日本語に訳してみましょう。

① 报名　　bàomíng　　▶ _____

② 马拉松　mǎlāsōng　　▶ _____

③ 搬家　　bān jiā　　　▶ _____

④ 迟到　　chídào　　　▶ _____

⑤ 欧洲　　Ōuzhōu　　　▶ _____

⑥ 房子　　fángzi　　　▶ _____

⑦ 上次　　shàng cì　　 ▶ _____

⑧ 东西　　dōngxi　　　▶ _____

⑨ 项目　　xiàngmù　　 ▶ _____

⑩ 跑　　　pǎo　　　　 ▶ _____

（10点満点）

●次の日本語を中国語に訳してみましょう。

① 彼にはスピーチコンテストに参加する資格がありません。

_____

② 今度，私たちは一緒にスキーしに行きましょう。

_____

③ これは前回の授業で出した宿題です。

_____

④ 日曜日，私も来ることができます。

_____

⑤ 来週の土曜日，私は姉と一緒にピクニックに行きます。

_____

⑥ 私はギョーザを10個食べることができます。

_____

⑦ 彼にもこの仕事をする能力があります。

_____

⑧ 来月，あの2人は北海道へ旅行しに行きます。

_____

⑨ 彼女は辛い物を食べることができません。

_____

⑩ 私にはアルバイトをする時間がありません。

_____

基本文型

あなたはいつ来たのですか。

(((085

你是什么时候来的?

Nǐ shì shénme shíhou lái de?

"是〜的"用法①はすでに発生した動作や行為を，いつ（時間）したのかを取り立てて説明するものです。「〜のだ」に相当します。目的語がある場合は，一般的に"的"の後ろに置きます。話し言葉では"是"がしばしば省略されます。

文の構造を確認してみましょう。（述語を中心に）

来

什么时候来

是什么时候来的

你是什么时候来的

(((086

	漢字		ピンイン	意味
1	什么时候		shénme shíhou	いつ
2	定居	動	dìngjū	定住する
3	晚上	名	wǎnshang	夕方，夜
4	知道	動	zhīdao	知っている
5	出生	動	chūshēng	生まれる
6	早上	名	zǎoshang	朝

中国語の漢字を確認してみましょう。

时候 时 时 时 时 时 时

次の中国語を日本語に訳してみましょう。 087

今天我是七点吃的早饭。

他是前年来日本定居的。

日本語の意味に合うように，語順を並べ替えてみましょう。

彼女は先月引っ越したのです。
［个 / 她 / 上 / 的 / 月 / 搬家 / 是］

私は夕べ知ったのです。
［知道 / 我 / 晚上 / 是 / 昨天 / 的］

音声を聞いて，漢字で書いてみましょう。 088

漢字

漢字

次の日本語を中国語に訳してみましょう。

彼は2000年に生まれたのです。

私も日曜日の朝に来たのです。

昨日，あなたは何時に学校に来たのですか。

_____月_____日

基本文型

彼は北京で中国語を習ったのです。

089

他是在北京学的汉语。

Tā shì zài Běijīng xué de Hànyǔ.

"是〜的"用法②はすでに発生した動作や行為を，どこで（場所）したのかを取り立てて説明するものであり，「〜のだ」に相当します。目的語がある場合は，一般的に"的"の後ろに置きます。話し言葉では"是"がしばしば省略されます。

文の構造を確認してみましょう。（述語を中心に）

学

学〜汉语   是在北京学的汉语

在北京学〜汉语   他是在北京学的汉语

	漢字		ピンイン	意味
1	福冈	名	Fúgāng	（地名）福岡
2	认识	動	rènshi	知っている，見知る
3	星巴克	名	Xīngbākè	スターバックス
4	烹调	動	pēngtiáo	（料理を）作る，料理する
5	修车		xiū chē	（車，自転車を）修理する
6	专卖店	名	zhuānmàidiàn	専門店

090

中国語の漢字を確認してみましょう。

福**冈** 冈 冈 冈 冈

次の中国語を日本語に訳してみましょう。 091

我弟弟是在福冈出生的。

我们是在台湾认识的。

日本語の意味に合うように，語順を並べ替えてみましょう。

私はスターバックスでコーヒーを飲んだのです。
［我 / 星巴克 / 的 / 是 / 喝 / 在 / 咖啡］

あなたはどこで料理を習ったのですか。
［的 / 你 / 在 / 烹调 / 哪儿 / 学 / 是］

音声を聞いて，漢字で書いてみましょう。 092

漢字

漢字

次の日本語を中国語に訳してみましょう。

私も中国で生まれたのです。

あなたはどこで車（自転車）を修理したのですか。

私は専門店で買ったのです。

私は地下鉄で来たのです。

🔊 093

我是坐地铁来的。

Wǒ shì zuò dìtiě lái de.

🐼 "是～的"用法③はすでに発生した動作や行為を，どのように（手段）したのかを取り立てて説明するもので，「～のだ」の意味を表します。目的語がある場合は，一般的に"的"の後ろに置きます。話し言葉では"是"がしばしば省略されます。

文の構造を確認してみましょう。（述語を中心に）

来

坐地铁 来

是坐地铁 来 的

我是坐地铁 来 的

🔊 094

	漢字		ピンイン	意味
1	高铁	名	gāotiě	高速鉄道
2	打车	動	dǎ chē	タクシーを拾う
3	机场巴士	名	jīchǎng bāshì	リムジンバス
4	飞机	名	fēijī	飛行機
5	快车	名	kuàichē	急行
6	慢车	名	mànchē	普通列車，鈍行

中国語の漢字を確認してみましょう。

机场　机 机 机 机 机 机

次の中国語を日本語に訳してみましょう。 095

小王是坐高铁来的。

星期天我是打车去的。

日本語の意味に合うように，語順を並べ替えてみましょう。

私たちはリムジンバスで空港に行ったのです。
［去 / 我们 / 机场巴士 / 坐 / 的 / 机场 / 是］

あなたは急行で来たのですか。
［你 / 来 / 吗 / 是 / 快车 / 的 / 坐］

音声を聞いて，漢字で書いてみましょう。 096

漢字

漢字

次の日本語を中国語に訳してみましょう。

妹は自転車で行ったのです。

あなたたちは飛行機で来たのですか。

私は普通列車で来たのです。

71

基本文型

今日の夕飯は私が作ったのです

))) 097

今天的晚饭是我做的。

Jīntiān de wǎnfàn shì wǒ zuò de.

 "是～的"用法④はすでに発生した動作や行為を，誰が（人）したのかを取り立てて説明するもので，「～のだ」の意味を表します。目的語がある場合は，一般的に"的"の後ろに置きます。話し言葉では"是"がしばしば省略されます。

文の構造を確認してみましょう。（述語を中心に）

做

我 做 的

晚饭 是 我 做 的

今天的晚饭 是 我 做 的

)))
098

	漢字		ピンイン	意味
1	师傅	名	shīfu	（技芸を持つ人に対して）師匠，先生
2	篇	量	piān	文章などを数える
3	文章	名	wénzhāng	文章
4	要求	名・動	yāoqiú	要求，要求する
5	提	動	tí	話す，触れる，話題にする
6	报告	名	bàogào	報告，レポート

中国語の漢字を確認してみましょう。

师傅   傅 傅 傅 傅 傅 傅 傅
傅 傅 傅 傅 傅

次の中国語を日本語に訳してみましょう。 099

这个蛋糕是王师傅做的。

这篇文章是谁写的？

日本語の意味に合うように，語順を並べ替えてみましょう。

この5個のギョーザは皆私が作った（包んだ）のです。
[饺子 / 都 / 这 / 个 / 我 / 五 / 的 / 是 / 包]

この要求は私が出したのです。
[这 / 提 / 个 / 是 / 要求 / 我 / 的]

音声を聞いて，漢字で書いてみましょう。 100

漢字

漢字

次の日本語を中国語に訳してみましょう。

この絵は田中さんが描いたのです。

この報告はあなたが書いたのですか。

この白酒（蒸留酒の総称）は友達が贈ったのです。

基本文型

昨日私は10時に寝たのではありません。

🔊 101

昨天我不是十点睡的。

Zuótiān wǒ bú shì shí diǎn shuì de.

🐼 "是〜的"が肯定形に用いる時は、"是"がしばしば省略されますが、しかし、否定の意味を表す場合、"是"は省略できません。"不是〜的"になります。

文の構造を確認してみましょう。（述語を中心に）

睡
十点睡
不是十点睡的
我不是十点睡的
昨天我不是十点睡的

🔊 102

	漢字		ピンイン	意味
1	睡	動	shuì	寝る
2	垃圾	名	lājī	ゴミ
3	扔	動	rēng	投げる，捨てる
4	乌冬面	名	wūdōngmiàn	うどん
5	自己	名	zìjǐ	自分
6	饺子皮	名	jiǎozipí	ギョーザの皮

中国語の漢字を確認してみましょう。

扔垃圾　垃　垃　垃　垃　垃　垃
垃　垃

74

她不是在食堂吃的午饭。

这个垃圾不是我扔的。

日本語の意味に合うように，語順を並べ替えてみましょう。

このうどんは自分で作ったのではありません。
[是 / 个 / 这 / 不 / 自己 / 乌冬面 / 的 / 做]

今日私は車（運転して）で来たのではありません。
[来 / 今天 / 我 / 开车 / 是 / 的 / 不]

音声を聞いて，漢字で書いてみましょう。 104

漢字

漢字

次の日本語を中国語に訳してみましょう。

このギョーザの皮は自分で作ったのではありません。

彼は飛行機で行ったのではありません。

私は日本で生まれたのではありません。

基本文型

あなたはどこから来たのですか。

🔊 105

你是从哪儿来的？

Nǐ shì cóng nǎr lái de?

 前置詞"从"は場所を表す名詞の前に用いて，動作の起点や経過地点を表します。
「～から，～を」の意味になります。

文の構造を確認してみましょう。（述語を中心に）

来

哪儿 来 的

从哪儿 来 的

你是从哪儿 来 的

🔊 106

	漢字		ピンイン	意味
1	从	前置	cóng	～から，～を，動作の起点や経過地点を表す
2	乡下	名	xiāngxia	田舎
3	条	量	tiáo	本，細長いものを数える
4	大路		dàlù	大通り，広い道
5	小路		xiǎolù	小道，狭い道
6	越南	名	Yuènán	ベトナム（国名）

中国語の漢字を確認してみましょう。

乡 乡 乡

次の中国語を日本語に訳してみましょう。 107

他是从乡下来的。

咱们从这条大路走吧。

次の日本語の意味に合うように，語順を並べ替えてみましょう。

私はこの小道を通って来たのではありません。
[来 / 从 / 我 / 这 / 是 / 条 / 不 / 小路 / 的]

彼女はドイツから来たのです。
[她 / 德国 / 是 / 来 / 从 / 的]

音声を聞いて，漢字で書いてみましょう。 108

漢字

漢字

次の日本語を中国語に訳してみましょう。

彼女たちは皆ベトナムから来たのです。

あなたはアメリカから来たのですか。

私たちは学校から来たのではありません。

（10点満点）

●次の中国語を日本語に訳してみましょう。

① 星巴克　　Xīngbākè　　▶ _____

② 快车　　　kuàichē　　　▶ _____

③ 什么时候　shénme shíhou　▶ _____

④ 乌冬面　　wūdōngmiàn　　▶ _____

⑤ 机场巴士　jīchǎng bāshì　▶ _____

⑥ 早上　　　zǎoshang　　　▶ _____

⑦ 越南　　　Yuènán　　　　▶ _____

⑧ 认识　　　rènshi　　　　　▶ _____

⑨ 垃圾　　　lājī　　　　　　▶ _____

⑩ 打车　　　dǎ chē　　　　　▶ _____

（10点満点）

●次の日本語を中国語に訳してみましょう。

① このギョーザの皮は自分で作ったのではありません。

_____

② 昨日，あなたは何時に学校に来たのですか。

_____

③ 私はこの小道を通って来たのではありません。

_____

④ 私は地下鉄で来たのです。

_____

⑤ この要求は私が出したのです。

_____

⑥ 私は専門店で買ったのです。

_____

⑦ あなたはアメリカから来たのですか。

_____

⑧ 私も日曜日の朝に知ったのです。

_____

⑨ この絵は田中さんが描いたのです。

_____

⑩ 今日私は車（運転して）で来たのではありません。

_____

月_____日

 基本文型

私は電話をしているところです。

◀))
109

我在打电话。

Wǒ zài dǎ diànhuà.

"在"は副詞として述語の前に用いて，ある動作・行為をしている最中であることを表します。「～ている」という意味になります。

文の構造を確認してみましょう。（述語を中心に）

打

打 电话

在 打 电话

我在打 电话

◀))
110

	漢字		ピンイン	意味
1	在	副	zài	進行形を表す，～ている
2	整理	動	zhěnglǐ	整理する
3	房间	名	fángjiān	部屋
4	准备	動	zhǔnbèi	準備する，用意する
5	发表	名・動	fābiǎo	発表，発表する
6	吉他	名	jítā	ギター

中国語の漢字を確認してみましょう。

房间 间 间 间 间 间 间 间

妈妈在整理房间。

小王在准备发表用的资料。

日本語の意味に合うように，語順を並べ替えてみましょう。

母は服を洗っています。
[洗 / 妈妈 / 衣服 / 在]

弟はギターを弾いています。
[吉他 / 弟弟 / 弹 / 在]

音声を聞いて，漢字で書いてみましょう。 🔊 112

漢字

漢字

次の日本語を中国語に訳してみましょう。

お母さんは夕飯の用意をしています。

兄は音楽を聴いています。

私たち2人はコーヒーを飲んでいます。

基本文型

先生は学生に英語を教えます。

113

老师教学生英语。

Lǎoshī jiāo xuésheng Yīngyǔ.

中国語には二つの目的語（直接目的語と間接目的語）を取る動詞があります。"教 jiāo，请教 qǐngjiào，求 qiú，送 sòng"などがそうです。これらの動詞は「人にものや情報を与えたり，人からものを取ったりする」意味を表し，「動詞＋目的語₁（人）＋目的語₂（もの／情報）」の形で使用されます。このような構文を「二重目的語構文」と言います。

文の構造を確認してみましょう。（述語を中心に）

教　　　　　　　　教学生英语

教～英语　　老师教学生英语

114

	漢字		ピンイン	意味
1	教	動	jiāo	教える
2	请教	動	qǐngjiào	教えを乞う
3	西班牙语	名	Xībānyáyǔ	スペイン語
4	求	動	qiú	求める，要求する
5	件	量	jiàn	洋服や事柄を数える
6	事	名	shì	事，事柄，用事

中国語の漢字を確認してみましょう。

准备　准 准 准 准 准 准 准 准 准 准

次の中国語を日本語に訳してみましょう。
115

可以请教你一个问题吗?

_____

我想求你一件事。

_____

日本語の意味に合うように，語順を並べ替えてみましょう。

彼女は(私に)スペイン語を教えてくれます。
[我 / 她 / 西班牙语 / 教]

_____

(私は)あなたに本を1冊プレゼントしたいです。
[想 / 我 / 你 / 一 / 书 / 本 / 送]

_____

音声を聞いて，漢字で書いてみましょう。
116

漢字 _____

漢字 _____

次の日本語を中国語に訳してみましょう。

兄は弟にテニス(するの)を教えます。

_____

私たちは先生に質問を1つしたい(教えを乞いたい)です。

_____

あなたは王さんに何をプレゼントしますか。

_____

基本文型

彼女は私に電話番号を教えてくれませんでした。

🔊 117

她没告诉我电话号码。

Tā méi gàosu wǒ diànhuà hàomǎ.

"告诉 gàosu，给 gěi，通知 tōngzhī"も二重目的語が取れる動詞です。二重目的語構文の否定は「"没"/"不"＋動詞＋目的語₁（人）＋目的語₂（もの／情報）」になります。

文の構造を確認してみましょう。（述語を中心に）

告诉

告诉 ～电话号码

告诉 我电话号码

没告诉 我电话号码

她没告诉 我电话号码

🔊 118

	漢字		ピンイン	意味
1	告诉	動	gàosu	告げる，知らせる
2	电话号码	名	diànhuà hàomǎ	電話番号
3	给	動	gěi	あげる，くれる
4	零花钱	名	línghuāqián	お小遣い
5	结果	名	jiéguǒ	結果
6	通知	動	tōngzhī	通知する，知らせる

中国語の漢字を確認してみましょう。

结果　结　结　结　结　结　结　结
　　　结　结

119

妈妈不给孩子零花钱。

他没告诉我结果。

日本語の意味に合うように，語順を並べ替えてみましょう。

王先生は学生に文法を教えません。
［教 / 王老师 / 不 / 语法 / 学生］

彼女は私に講演の時間を知らせてくれませんでした。
［没 / 她 / 时间 / 通知 / 演讲 / 我 / 的］

音声を聞いて，漢字で書いてみましょう。
120

漢字

漢字

次の日本語を中国語に訳してみましょう。

先月父は（私に）お小遣いをくれませんでした。

私はこのことを彼に教えたくありません。

先生は私たちに発音を教えてくれませんでした。

基本文型

私たちはここで少し待ちましょう。

🔊 121

咱们在这儿等一会儿吧。

Zánmen zài zhèr děng yíhuìr ba.

 "一会儿"は数量詞です。動詞の後ろに用いて，動作・行為を行う時間が短いことを表し，「しばらく，ちょっとの間」という意味を表します。

文の構造を確認してみましょう。（述語を中心に）

等
等一会儿
等一会儿吧
在这儿 等一会儿吧
咱们在这儿 等一会儿吧

🔊 122

	漢字		ピンイン	意味
1	一会儿	数量	yíhuìr	ちょっとの間，しばらく
2	呆	動	dāi	いる，止まる
3	打瞌睡		dǎ kēshuì	居眠りをする
4	刚才	名	gāngcái	さきほど
5	医务室	名	yīwùshì	医務室
6	韩剧	名	hánjù	韓国ドラマ

中国語の漢字を確認してみましょう。

打瞌睡　瞌 瞌 瞌 瞌 瞌 瞌 瞌 瞌 瞌 瞌 瞌 瞌 瞌 瞌 瞌

我想在这儿呆一会儿。

爸爸在客厅打了一会儿瞌睡。

日本語の意味に合うように，語順を並べ替えてみましょう。

私たちはここでしばらく休憩しましょうか。
[一会儿 / 咱们 / 在 / 吧 / 休息 / 这儿]

さきほど私は音楽を少し聞きました。
[刚才 / 听 / 我 / 一会儿 / 了 / 音乐]

音声を聞いて，漢字で書いてみましょう。 124

漢字

漢字

次の日本語を中国語に訳してみましょう。

私はさきほどしばらくピアノを弾きました。

王先生は医務室でしばらく休みました。

姉は韓国ドラマをしばらく見ました。

基本文型

私はビールをもう１杯飲みたいです

125

我 想 再 喝 一 杯 啤 酒。

Wǒ xiǎng zài hē yì bēi píjiǔ.

副詞"再"はある動作・行為が繰り返し行われることを表し，「再び，もう一度」の意味を表します。通常はまだ起こっていない行為に用います。

文の構造を確認してみましょう。（述語を中心に）

喝

喝一杯

再喝一杯

我想再喝一杯

126

	漢字		ピンイン	意味
1	再	副	zài	ふたたび，もう一度
2	加	動	jiā	加える，追加する
3	热菜		rè cài	温かい料理
4	试	動	shì	試す，試みる
5	申请	動	shēnqǐng	申請する
6	原谅	動	yuánliàng	許す，容認する

中国語の漢字を確認してみましょう。

热菜

热 热 热 热 热 热 热
热 热 热

88

再加两个热菜吧。

能不能再休息一会儿?

日本語の意味に合うように，語順を並べ替えてみましょう。

私たちはもう一度試してみましょう。
[試 / 咱们 / 吧 / 次 / 再 / 一]

(あなたたちは)もう一度相談されるといいです。
[可以 / 你们 / 再 / 一下 / 商量]

音声を聞いて，漢字で書いてみましょう。 128

漢字

漢字

次の日本語を中国語に訳してみましょう。

私は来月もう一度申請したいです。

もう一度私を許してもらえますか。

私はもう1時間ゲームをします。

明日にしましょう。

129

明天再说吧。

Míngtiān zài shuō ba.

 副詞"再"はある動作・行為を後回しの意味を表す時にも用います。「～になって（それから）」の意味を表します。

文の構造を確認してみましょう。（述語を中心に）

说

再说吧

明天再说吧

130

	漢字		ピンイン	意味
1	再	副	zài	（～になって）それから
2	晚	形	wǎn	（時間が）遅い
3	下单		xià dān	注文する
4	洗衣机	名	xǐyījī	洗濯機
5	考试	名	kǎoshì	試験
6	聚	動	jù	集まる

中国語の漢字を確認してみましょう。

 单 单 单 单 单 单 单 单

次の中国語を日本語に訳してみましょう。 131

咱们明年再去美国，好不好？

今天太晚了，明天再下单吧。

日本語の意味に合うように，語順を並べ替えてみましょう。

来年になってから洗濯機を買いましょう。
[买 / 明年 / 吧 / 洗衣机 / 再]

明日になって（また）あなたに知らせます。
[通知 / 明天 / 你 / 再]

音声を聞いて，漢字で書いてみましょう。 132

漢字

漢字

次の日本語を中国語に訳してみましょう。

明日になって（あなたに）試験の結果を伝えます。

今月は時間がありません。来月（になって，それから）集まりましょう。

午後（になって，それから）相談しましょう。

（10点満点）

●次の中国語を日本語に訳してみましょう。

① 西班牙语　Xībānyáyǔ　▶ _____

② 洗衣机　xǐyījī　▶ _____

③ 打瞌睡　dǎ kēshuì　▶ _____

④ 热菜　rècài　▶ _____

⑤ 吉他　jítā　▶ _____

⑥ 告诉　gàosu　▶ _____

⑦ 请教　qǐngjiào　▶ _____

⑧ 刚才　gāngcái　▶ _____

⑨ 零花钱　línghuāqián　▶ _____

⑩ 考试　kǎoshì　▶ _____

（10点満点）

●次の日本語を中国語に訳してみましょう。

① 姉は韓国ドラマをしばらく見ました。

_____

② 私はこのことを彼に教えたくありません。

_____

③ 彼女は私に講演の時間を知らせてくれませんでした。

_____

④ あなたは王さんに何をプレゼントしますか。

_____

⑤ 明日（またあなたに）知らせます。

_____

⑥ 先生は学生に英語を教えます。

_____

⑦ 私は来月もう一度申請したいです。

_____

⑧ 午後（また）相談しましょう。

_____

⑨ 私たちはここで少し待ちましょう。

_____

⑩ お母さんは夕飯の用意をしています。

_____

基本文型

私はよく電車の中で本を読みます。

🔊 133

我经常在电车上看书。

Wǒ jīngcháng zài diànchēshang kàn shū.

🐼 "上"は方向や位置を表す単純方位詞（1音節）です。名詞の後ろに用い，ある事物の範囲を示し，「〜の上，〜の中」という意味を表します。

単純方位詞

上	下	前	后	里	外	东	南	西	北	左	右	旁	对
shàng	xià	qián	hòu	lǐ	wài	dōng	nán	xī	běi	zuǒ	yòu	páng	duì

文の構造を確認してみましょう。（述語を中心に）

看

看书　　　经常在电车上看书

在电车上看书　　　我经常在电车上看书

🔊 134

	漢字		ピンイン	意味
1	经常	副	jīngcháng	いつも
2	上	名	shàng	上，表面
3	地上		dìshang	地面
4	床	名	chuáng	ベッド
5	睡觉	動	shuì jiào	寝る
6	书架	名	shūjià	本棚

中国語の漢字を確認してみましょう。

船上　船　船　船　船　船　船　船
　　　船　船　船　船

你的笔记本电脑在桌子上。

地上有很多水。

日本語の意味に合うように，語順を並べ替えてみましょう。

昨日買ったセーターはソファーの上にあります。
［昨天 / 在 / 买 / 上 / 毛衣 / 沙发 / 的］

猫はベッド（の上）で寝ます。
［睡觉 / 上 / 在 / 猫 / 床］

音声を聞いて，漢字で書いてみましょう。 136

漢字

漢字

次の日本語を中国語に訳してみましょう。

本棚には20冊の本があります。

机の上には2つのコップがあります。

船（の中）にはたくさんの人がいます。

基本文型

鍵は引き出しの中にあります。

🔊 137

钥匙在抽屉里。

Yàoshi zài chōutili.

 "里"は方向や位置を表す単純方位詞（1音節）です。名詞の後ろに用い，ある事物の範囲を示し，「〜の中」という意味を表します。

単純方位詞

上	下	前	后	里	外	东	南	西	北	左	右	旁	对
shàng	xià	qián	hòu	lǐ	wài	dōng	nán	xī	běi	zuǒ	yòu	páng	duì

文の構造を確認してみましょう。（述語を中心に）

在

在抽屉里

钥匙在抽屉里

🔊 138

	漢字		ピンイン	意味
1	钥匙	名	yàoshi	鍵
2	抽屉	名	chōuti	引き出し
3	屋子	名	wūzi	部屋
4	钱包	名	qiánbāo	財布
5	箱子	名	xiāngzi	箱
6	冰箱	名	bīngxiāng	冷蔵庫

中国語の漢字を確認してみましょう。

钥匙　　钥　钥　钥　钥　钥　钥　钥
钥　钥

次の中国語を日本語に訳してみましょう。 139

屋子里没有人。

我的钱包在书包里。

日本語の意味に合うように，語順を並べ替えてみましょう。

あなたの洋服はみな箱の中にあります。
[里 / 你 / 都 / 在 / 的 / 衣服 / 箱子]

リビングルームにはソファーがありません。
[沙发 / 客厅 / 没有 / 里]

音声を聞いて，漢字で書いてみましょう。 140

漢字

漢字

次の日本語を中国語に訳してみましょう。

教室の中には人がいません。

引き出しの中に3本のボールペンがあります。

おかずは冷蔵庫の中にあります。

基本文型

私の家のそばに小学校があります。

141

我家旁边有一所小学。

Wǒ jiā pángbiān yǒu yì suǒ xiǎoxué.

"旁边"は方向や位置を表す複合方位詞（2音節）です。"我家旁边"のように，名詞の後ろに用い，「横，そば，かたわら」の意味を表します。

複合方位詞

	上 shàng	下 xià	前 qián	后 hòu	里 lǐ	外 wài	东 dōng	南 nán	西 xī	北 běi	左 zuǒ	右 yòu	旁 páng	对 duì
面 miàn	○	○	○	○	○	○	○	○	○	○	○	○	×	○
边 biān	○	○	○	○	○	○	○	○	○	○	○	○	○	×
头 tóu	○	○	○	○	○	○	○	○	○	○	×	×	×	×

文の構造を確認してみましょう。（述語を中心に）

有

有一所小学

旁边有一所小学

我家旁边有一所小学

142

	漢字		ピンイン	意味
1	旁边	名	pángbiān	となり，そば
2	所	量	suǒ	家屋，学校，病院などを数える
3	小学	名	xiǎoxué	小学校
4	下面	名	xiàmiàn	下，下のほう
5	旅游鞋	名	lǚyóuxié	スニーカー
6	前面	名	qiánmiàn	前，前のほう

中国語の漢字を確認してみましょう。

旁边　边　边　边　边　边

车站旁边有一家咖啡馆。

小王旁边的那个人是谁?

日本語の意味に合うように，語順を並べ替えてみましょう。

会社の隣に美容院が（1つ）あります。
[家 / 公司 / 一 / 有 / 旁边 / 美容院]

ベッドの下にスニーカーが（1足）あります。
[一 / 床 / 有 / 下面 / 旅游鞋 / 双]

音声を聞いて，漢字で書いてみましょう。
144

漢字

漢字

次の日本語を中国語に訳してみましょう。

私の家の下にはスーパーマーケットが（1つ）あります。

郵便局は銀行の隣にあります。

映画館の前には大勢の人がいます。

基本文型

スーパーマーケットは駅の向かい側にあります。

🔊 145

超市在车站对面。

Chāoshì zài chēzhàn duìmiàn.

 "对面"は複合方位詞（2音節）です。名詞の後ろに用い，「真向い，向こう」の意味を表します。

複合方位詞

	上 shàng	下 xià	前 qián	后 hòu	里 lǐ	外 wài	东 dōng	南 nán	西 xī	北 běi	左 zuǒ	右 yòu	旁 páng	对 duì
面 miàn	○	○	○	○	○	○	○	○	○	○	○	○	×	○
边 biān	○	○	○	○	○	○	○	○	○	○	○	○	○	×
头 tóu	○	○	○	○	○	○	○	○	○	○	×	×	×	×

文の構造を確認してみましょう。（述語を中心に）

在

在车站对面

超市在车站对面

🔊 146

	漢字		ピンイン	意味
1	对面	名	duìmiàn	向かい側
2	加拿大	名	Jiānádà	カナダ（国名）
3	北边儿	名	běibianr	北側
4	里头	名	lǐtou	中，内部
5	玩具	名	wánjù	おもちゃ
6	马路	名	mǎlù	道路，大通り

中国語の漢字を確認してみましょう。

对面　对　对　对　对　对

次の中国語を日本語に訳してみましょう。
147

加拿大在美国北边儿。

箱子里头有很多玩具。

日本語の意味に合うように，語順を並べ替えてみましょう。

駐車場は道路の向かい側にあります。
[在 / 停车场 / 对面 / 马路]

学校の中には郵便局がありますか。
[学校 / 吗 / 有 / 里头 / 邮局]

音声を聞いて，漢字で書いてみましょう。
148

漢字

漢字

次の日本語を中国語に訳してみましょう。

冷蔵庫の中の野菜は全部腐ってしまいました。

公園の北側にトイレが（1つ）あります。

道路の向かい側に喫茶店が（1つ）あります。

外はすごく賑やかです。

149

外面热闹极了。

Wàimiàn rènao jíle.

"外面"は複合方位詞（2音節）です。複合方位詞は名詞の後ろに使えるだけでなく，"外面热闹极了"，"对面是超市（真向いはスーパーマーケットです）"のように，単独で用いることもできます。

複合方位詞

	上 shàng	下 xià	前 qián	后 hòu	里 lǐ	外 wài	东 dōng	南 nán	西 xī	北 běi	左 zuǒ	右 yòu	旁 páng	对 duì
面 miàn	○	○	○	○	○	○	○	○	○	○	○	○	×	○
边 biān	○	○	○	○	○	○	○	○	○	○	○	○	○	×
头 tóu	○	○	○	○	○	○	○	○	○	○	×	×	×	×

文の構造を確認してみましょう。（述語を中心に）

热闹

热闹 极了　　外面 热闹 极了

150

	漢字		ピンイン	意味
1	外面	名	wàimiàn	外，外側
2	工具书	名	gōngjùshū	辞書や年鑑などの総称
3	左边儿	名	zuǒbianr	左側
4	外头	名	wàitou	外，外側
5	上面	名	shàngmiàn	上，上のほう
6	右边儿	名	yòubianr	右側

中国語の漢字を確認してみましょう。

工具书　具 具 具 具 具 具　具 具

次の中国語を日本語に訳してみましょう。
151

工具书都在左边儿。

里头人多，咱们去外头等吧。

日本語の意味に合うように，語順を並べ替えてみましょう。

左（側）は病院です。
［是 / 医院 / 一 / 左边儿 / 家］

前（のほう）にガソリンスタンドが1つあります。
［个 / 前面 / 一 / 加油站 / 有］

音声を聞いて，漢字で書いてみましょう。
152

漢字

漢字

次の日本語を中国語に訳してみましょう。

上は私の服で，下は妹の服です。

雑誌は全部右側にあります。

となりは寿司屋です。

基本文型

資料は私のところにあります。

153

资料在我这儿。

Zīliào zài wǒ zhèr.

"我"など，人称を表す名詞が"在，来，去"のような動詞の後ろに来る場合，"我"などの後ろに"这儿，那儿"をつけて，場所化する必要があります。「〜のところに」という意味になります。

文の構造を確認してみましょう。（述語を中心に）

在

在我这儿

资料在我这儿

154		漢字		ピンイン	意味
1	坐	動	zuò	座る，腰かける
2	补课	動	bǔ kè	補講する，補習を受ける
3	校门	名	xiàomén	校門，学校の門
4	打听	動	dǎting	尋ねる，問い合わせる
5	过年	動	guò nián	新年を祝う，正月を迎える
6	周末	名	zhōumò	週末

中国語の漢字を確認してみましょう。

补课　补　补　补　补　补　补　补

次の中国語を日本語に訳してみましょう。
155

下午来我这儿坐坐。

晚上她们去王老师那儿补课。

日本語の意味に合うように，語順を並べ替えてみましょう。

私のノートは王さんのところにあります。
［那儿 / 我 / 在 / 笔记本 / 小王 / 的］

私は彼女のところへ行って，ちょっと聞いてみます。
［去 / 我 / 打听 / 那儿 / 一下 / 她

音声を聞いて，漢字で書いてみましょう。
156

漢字

漢字

次の日本語を中国語に訳してみましょう。

来年私は祖母のところへ行ってお正月を過ごしたいです。

週末（皆さん）私のところに集まりましょう。

明日私は王さんのところに行って聞いてみます。

✎ テスト

　　月　　日

（10点満点）

●次の中国語を日本語に訳してみましょう。

① 冰箱　　bīngxiāng　　▶ _____

② 加拿大　Jiānádà　　▶ _____

③ 床　　　chuáng　　▶ _____

④ 旅游鞋　lǚyóuxié　　▶ _____

⑤ 补课　　bǔ kè　　▶ _____

⑥ 睡觉　　shuì jiào　　▶ _____

⑦ 旁边　　pángbiān　　▶ _____

⑧ 抽屉　　chōuti　　▶ _____

⑨ 过年　　guò nián　　▶ _____

⑩ 马路　　mǎlù　　▶ _____

106

（10点満点）

●次の日本語を中国語に訳してみましょう。

① 雑誌は全部右側にあります。

_____

② 引き出しの中に３本のボールペンがあります。

_____

③ 私は王さんのところに行って，ちょっと聞いてみます。

_____

④ 上は私の服で，下は妹の服です。

_____

⑤ 前 (のほう) にガソリンスタンドが (1つ) あります。

_____

⑥ 映画館の前には大勢の人がいます。

_____

⑦ 学校の中には郵便局がありますか。

_____

⑧ 私はよく電車の中で本を読みます。

_____

⑨ 外はすごく賑やかです。

_____

⑩ 公園の北側にトイレが (1つ) あります。

_____

基本文型

彼女は私たちに2つの日本料理を作ってくれました。

◀)) 157

她给我们做了两个日本菜。

Tā gěi wǒmen zuòle liǎng ge rìběncài.

前置詞"给"はモノ・情報・利益などを受け取る人を導き,「N1 +"给"+ N2 +動詞」の形で用いて,「〜に〜をしてくれる,〜に〜をしてあげる」などの意味を表します。

文の構造を確認してみましょう。（述語を中心に）

做

做 〜日本菜

做 了两个日本菜

给我们 做 了两个日本菜

她给我们 做 了两个日本菜

◀)) 158

	漢字		ピンイン	意味
1	给	前	gěi	〜に〜をしてくれる，〜に〜をしてあげる
2	讲故事		jiǎng gùshi	話をする，物語を語る
3	留作业		liú zuòyè	宿題を出す
4	每	代	měi	それぞれ，すべて
5	发	動	fā	配る，配布する
6	手册	名	shǒucè	ハンドブック

中国語の漢字を確認してみましょう。

手册　册　册　册　册　册

初級者には
詳しいのにやさしいと評判です!!

新装版 はじめての中国語学習辞典

元NHKテレビ・ラジオ講座講師
相原 茂〈編著〉

見出し語数もちょうどよく「使いこなせる辞典」で

●B6変型判 ●776頁

WEB動画

中国語発音入門ビデオ
快音［収録時間43分］
動画サーバーから視聴可能

中国語発音マスターの基礎となる「四声・声調」や日本人が苦手な「母音・子音」などを重点的にレッスン! CGや図をふんだんに使ったわかりやすい相原先生の解説で、発音のコツを無理なく学べます。

音声DLアプリ

中国語の発音［収録時間21分］

辞典付録に準拠した相原先生の懇切な発音講義です。

次の中国語を日本語に訳してみましょう。 159

他给经理打了一个电话。

妈妈给孩子讲故事。

日本語の意味に合うように，語順を並べ替えてみましょう。

先生は学生にたくさんの宿題を出しました。
［留 / 学生 / 老师 / 作业 / 了 / 很多 / 给］

学校はすべての学生にハンドブックを（1冊ずつ）配布しました。
［手册 / 学校 / 每个 / 了 / 给 / 本 / 发 / 一 / 学生］

音声を聞いて，漢字で書いてみましょう。 160

漢字

漢字

次の日本語を中国語に訳してみましょう。

私は友達にお土産を（1つ）買ってあげたいです。

（あなたは）田中さんに電話しましたか。

お父さんは娘におもちゃを（1個）買ってあげました。

基本文型

会社は従業員にボーナスを与えません。

 161

公司不给员工发奖金。

Gōngsī bù gěi yuángōng fā jiǎngjīn.

前置詞"给"の否定は「N₁＋"不给"＋N₂＋動詞」の形になります。「～に～をしてくれない，～に～をしてあげない」などの意味を表します。

文の構造を確認してみましょう。（述語を中心に）

发

发 奖金

给 员工 发 奖金

不给 员工 发 奖金

公司 不给 员工 发 奖金

 162

	漢字		ピンイン	意味
1	员工	名	yuángōng	従業員，職員
2	奖金	名	jiǎngjīn	ボーナス
3	旅馆	名	lǚguǎn	旅館
4	客人	名	kèrén	客，お客さん
5	提供	動	tígōng	提供する
6	晚餐	名	wǎncān	夕食

中国語の漢字を確認してみましょう。

 餐 餐 餐 餐 餐 餐 餐 餐
餐 餐 餐 餐 餐 餐 餐 餐

妈妈不给孩子做早饭。

旅馆不给客人提供晚餐。

日本語の意味に合うように，語順を並べ替えてみましょう。

彼は私に電話をしてくれません。
［電話 / 他 / 给 / 不 / 打 / 我］

お父さんは子供にノートパソコンを買ってあげません。
［孩子 / 买 / 爸爸 / 不 / 笔记本电脑 / 给］

音声を聞いて，漢字で書いてみましょう。 164

漢字

漢字

次の日本語を中国語に訳してみましょう。

私たちのところはお客さんに夕食を提供しません。

王先生は学生に宿題を出しません。

彼女は（私に）手紙を書いてくれません。

______月______日

基本文型

私は王さんにショートメールを送ったことがありません。

165

我没给小王发过短信。

Wǒ méi gěi Xiǎo-Wáng fāguo duǎnxìn.

前置詞"给"の否定は"不给"のほかに,「N_1＋"没给"＋N_2＋動詞」のように,"没"を使うこともできます。「～に～をしてくれなかった,～に～をしてあげなかった」などの意味を表します。

文の構造を確認してみましょう。(述語を中心に)

发

发短信

发过短信

给小王发过短信

我没给小王发过短信

166

	漢字		ピンイン	意味
1	短信	名	duǎnxìn	ショートメール
2	盒饭	名	héfàn	弁当
3	男生	名	nánshēng	男子学生
4	回信	動	huí xìn	返信する
5	介绍	動	jièshào	紹介する
6	工资	名	gōngzī	給料

中国語の漢字を確認してみましょう。

巧克力

巧 巧 巧 巧 巧

她昨天没给孩子做盒饭。

我没给男生送过巧克力。

日本語の意味に合うように，語順を並べ替えてみましょう。

彼女はみんなに返信をしませんでした。
[给 / 大家 / 没 / 回信 / 她]

彼は友達に仕事を紹介したことがありません。
[他 / 介绍 / 没 / 朋友 / 给 / 工作 / 过]

音声を聞いて，漢字で書いてみましょう。
168

漢字

漢字

次の日本語を中国語に訳してみましょう。

彼女はお客さんに飲み物を用意しませんでした。

昨日彼は（私に）ショートメールをくれませんでした。

会社は先月彼に給料を払いませんでした。

基本文型

彼は走るのがとても速いです。

🔊 169

他跑得很快。

Tā pǎode hěn kuài.

 「動詞＋"得"＋形容詞（句）」の形で，動作の様子や状態のあり方を表します。様態補語と言います。肯定形で使う場合，形容詞の前によく副詞を伴います。

文の構造を確認してみましょう。（述語を中心に）

跑

跑 得快

跑 得很快

他 跑 得很快

🔊 170

	漢字		ピンイン	意味
1	得	助	de	可能・様態補語を導く
2	快	形	kuài	速い
3	打扫	動	dǎsǎo	掃除する
4	聊	動	liáo	雑談する，おしゃべるをする
5	开心	形	kāixīn	愉快だ
6	慢	形	màn	遅い

中国語の漢字を確認してみましょう。

打扫 扫 扫 扫 扫 扫

次の中国語を日本語に訳してみましょう。
171

房间打扫得很干净。

我们聊得很开心。

日本語の意味に合うように，語順を並べ替えてみましょう。

先生は話すのがとても遅いです。
[得 / 老师 / 慢 / 很 / 说]

昨日とても楽しく遊びました。
[昨天 / 很 / 玩儿 / 开心 / 得]

音声を聞いて，漢字で書いてみましょう。
172

漢字

漢字

次の日本語を中国語に訳してみましょう。

彼女は走るのがものすごく遅いです。

昨日よく眠れました。

妹の部屋はとても綺麗に片付いています。

基本文型

彼女は中国語を話すのがとても流暢です。

🔊 173

她（说）汉语说得很流利。

Tā (shuō) Hànyǔ shuōde hěn liúlì.

「動詞＋"得"＋形容詞（句）」における動詞に目的語がつく場合，「（動詞）＋目的語＋動詞＋"得"＋形容詞（句）」の形になります。最初の動詞はしばしば省略されますが，"得"の前の動詞は省略できません。

文の構造を確認してみましょう。（述語を中心に）

说

说得很流利

汉语说得很流利

她（说）汉语说得很流利

🔊 174

	漢字		ピンイン	意味
1	流利	形	liúlì	流暢だ
2	有特色		yǒu tèsè	特徴がある（形容詞的に使われる）
3	棒	形	bàng	すばらしい，優れている
4	随便	形	suíbiàn	気軽だ，気ままだ
5	布置	動	bùzhì	飾り付けをする，装飾する
6	会场	名	huìchǎng	会場

中国語の漢字を確認してみましょう。

布**置** 置 置 置 置 置 置 置 置 置 置 置 置

次の中国語を日本語に訳してみましょう。
175

妈妈（做）日本菜做得好极了。

她（写）文章写得很有特色。

日本語の意味に合うように，語順を並べ替えてみましょう。

彼女は字を書くのがものすごく綺麗です。
［她 / 极了 /（写）/ 得 / 字 / 漂亮 / 写］

田中さんはピアノを弾くのがとてもうまいです。
［弹 / 田中 / 很 /（弹）/ 棒 / 钢琴 / 得］

音声を聞いて，漢字で書いてみましょう。
176

漢字

漢字

次の日本語を中国語に訳してみましょう。

王さんは車を運転するのがとても上手です。

彼は服装にはこだわらないです。（彼はカジュアルな服装をしています）

彼らは会場をレイアウトするのがとても速いです。

基本文型

洋服はきれいに洗っていません。

🔊 177

衣服洗得不干净。

Yīfu xǐde bù gānjìng.

 様態補語の否定は「動詞＋"得"＋"不"＋形容詞（句）」になります。否定の場合，形容詞の前に副詞を伴う必要はありません。

文の構造を確認してみましょう。（述語を中心に）

洗

洗 ～干净

洗 得不干净

衣服洗得不干净

🔊 178

	漢字		ピンイン	意味
1	毛笔字	名	máobǐzì	書道
2	摆	動	bǎi	並ぶ，並べる
3	整齐	形	zhěngqí	整然としている
4	长	動	zhǎng	成長する，伸びる
5	考虑	動	kǎolù	考慮する，考える
6	周到	形	zhōudào	周到だ，行き届いている

中国語の漢字を確認してみましょう。

长得一样 长 长 长 长

就活・留学準備の強力な味方！

あなたのグローバル英語力を測定

新時代のオンラインテスト

銀行のセミナー・研修にも使われています

CNN GLENTS

留学・就活により役立つ新時代のオンラインテスト
CNN GLENTSは、CNNの生きた

新しい英語力測定テストです。
詳しくはCNN GLENTSホームページをご覧ください。

CNN GLENTSとは

GLENTSとは、Global ENglish Testing Systemという名の通り、世界標準の英語力を測るシステムです。リアルな英語を聞き取るリスニングセクション、海外の話題を読み取るリーディングセクション、異文化を理解するのに必要な知識を問う国際教養セクションから構成される、世界に通じる「ホンモノ」の英語力を測定するためのテストです。

https://www.asahipress.com/special/glents

※画像はイメージです。

お問い合わせ先

株式会社 朝日出版社 「CNN GLENTS」事務局
フリーダイヤル: **0120-181-202** E-MAIL: **glents_support@asahipress.com**
(平日午前10時〜午後6時)

22-09

179

姐姐（打）高尔夫球打得不好。

我（写）毛笔字写得不好。

日本語の意味に合うように，語順を並べ替えてみましょう。

ものはあまり綺麗に並べてありません。
［东西 / 不太 / 摆 / 整齐 / 得］

兄と弟は似ていません。
［不 / 哥哥 / 长 / 弟弟 / 得 / 和 / 一样］

音声を聞いて，漢字で書いてみましょう。
180

漢字

漢字

次の日本語を中国語に訳してみましょう。

私は英語を話すのが流暢ではありません。

会社の配慮はあまり行き届いていません。

昨日はよく眠れませんでした。

119

月　　　日

（10点満点）

●次の中国語を日本語に訳してみましょう。

① 盒饭　　héfàn　　　　▶

② 随便　　suíbiàn　　　▶

③ 讲故事　jiǎng gùshi　▶

④ 聊　　　liáo　　　　　▶

⑤ 回信　　huí xìn　　　▶

⑥ 整齐　　zhěngqí　　　▶

⑦ 慢　　　màn　　　　　▶

⑧ 周到　　zhōudào　　　▶

⑨ 开心　　kāixīn　　　　▶

⑩ 员工　　yuángōng　　▶

（10点満点）

●次の日本語を中国語に訳してみましょう。

① 部屋はとてもきれいに掃除してあります。

_____

② 昨日はよく眠れませんでした。

_____

③ 彼は私に電話をしてくれません。

_____

④ 彼女は中国語を話すのがとても流暢です。

_____

⑤ 物はあまりきれいに並べてありません。

_____

⑥ 彼女はお客さんに飲み物を用意しませんでした。

_____

⑦ 田中さんはピアノを弾くのがとてもうまいです。

_____

⑧ 会社は従業員にボーナスを支給しません。

_____

⑨ 彼女は走るのがすごく遅いです。

_____

⑩ 先生は学生にたくさんの宿題を出しました。

_____

基本文型

姉はリビングルームでテレビを見ています。

181

姐姐在客厅看电视呢。

Jiějie zài kètīng kàn diànshì ne.

"呢"は文末に用いて，動作・状態（動作の結果）が持続していることを表します。動作の進行を表す"在"とともに使うことも可能です。

文の構造を確認してみましょう。（述語を中心に）

看

看 电视

看 电视呢

在客厅 看 电视呢

姐姐在客厅 看 电视呢

182

	漢字		ピンイン	意味
1	呢	助	ne	動作や持続の状態を表す
2	阳台	名	yángtái	ベランダ
3	厨房	名	chúfáng	キッチン
4	书房	名	shūfáng	書斎
5	复习	動	fùxí	復習する
6	功课	名	gōngkè	授業，成績

中国語の漢字を確認してみましょう。

阳台　阳　阳　阳　阳　阳　阳

122

两个人在阳台上喝酒呢。

小王（在）锻炼身体呢。

日本語の意味に合うように，語順を並べ替えてみましょう。

お母さんはキッチンでご飯を作っています。
[做 / 妈妈 / 呢 / 厨房 / 饭 / 在]

先生は学生に英語を教えています。
[英语 / 老师 / 在 / 学生 / 呢 / 教]

音声を聞いて，漢字で書いてみましょう。 184

漢字

漢字

次の日本語を中国語に訳してみましょう。

お父さんは書斎で読書しています。

私たちはテニスをしています。

田中さんは授業の復習をしています。

基本文型

王先生は学生たちが書いた作文に目を通しています。

🔊 185

王老师翻阅着学生们写的作文。

Wáng lǎoshī fānyuèzhe xuéshengmen xiě de zuòwén.

"着"は動詞の後ろに置き，ある時点において，動作が持続していることを表します。副詞"正"や文末に用いられる"呢"をしばしば伴います。

文の構造を確認してみましょう。（述語を中心に）

翻阅
翻阅～作文
翻阅～学生们写的作文
翻阅着学生们写的作文
王老师翻阅着学生们写的作文

🔊 186

	漢字		ピンイン	意味
1	翻阅	動	fānyuè	閲覧する，目を通す
2	着	助	zhe	～ている，動作か結果の持続を表す
3	们		men	複数を表す
4	作文	名	zuòwén	作文
5	正	副	zhèng	～している（ところだ）
6	先	副	xiān	先に，まず

中国語の漢字を確認してみましょう。

阅　阅　阅　阅　阅　阅　阅
阅　阅　阅

次の中国語を日本語に訳してみましょう。
187

妈妈正做着饭呢。

―――――――――――――――――――――――――――――

你们先玩儿着，我去买点儿东西。

―――――――――――――――――――――――――――――

日本語の意味に合うように，語順を並べ替えてみましょう。

彼ら2人はおしゃべりをしているところです。
[聊 / 他们 / 呢 / 个 / 两 / 正 / 着 / 人]

―――――――――――――――――――――――――――――

先生たちは授業をしているところです。
[着 / 老师们 / 呢 / 上 / 正 / 课]

―――――――――――――――――――――――――――――

音声を聞いて，漢字で書いてみましょう。
188

漢字

―――――――――――――――――――――――――――――

漢字

―――――――――――――――――――――――――――――

次の日本語を中国語に訳してみましょう。

あなたたちは先に食べなさい。私はちょっと見てきます。

―――――――――――――――――――――――――――――

王さんは (1冊の) 雑誌をぱらぱらと見ています。

―――――――――――――――――――――――――――――

彼は (車を) 運転しています。

―――――――――――――――――――――――――――――

基本文型

壁に１枚の油絵が掛かっています。

🔊 189

墙上挂着一张油画儿。

Qiángshang guàzhe yì zhāng yóuhuàr.

"着"は動詞の後ろに置き，動作の結果の持続を表します。「〜ている，〜てある」の意味を表します。

文の構造を確認してみましょう。（述語を中心に）

挂

挂〜油画儿

挂着一张油画儿

墙上挂着一张油画儿

🔊 190

	漢字		ピンイン	意味
1	墙	名	qiáng	壁
2	挂	動	guà	掛ける
3	油画儿	名	yóuhuàr	油絵
4	放	動	fàng	置く
5	照片	名	zhàopiàn	写真
6	门口	名	ménkǒu	出入口（の前）

中国語の漢字を確認してみましょう。

躺　躺　躺　躺　躺　躺　躺　躺
躺　躺　躺　躺　躺　躺　躺

次の中国語を日本語に訳してみましょう。
191

床上躺着一个人。

抽屉里放着两本书。

日本語の意味に合うように，語順を並べ替えてみましょう。

机の上に写真が3枚並んであります。
［着 / 桌子 / 张 / 摆 / 三 / 照片 / 上］

彼女はダウンジャケットを（1着）着ています。
［件 / 她 / 着 / 羽绒服 / 穿 / 一］

音声を聞いて，漢字で書いてみましょう。
192

漢字

漢字

次の日本語を中国語に訳してみましょう。

箱の上に靴が2足置いてあります。

玄関に傘が（1つ）置かれています。

妹は綺麗なセーターを（1枚）着ています。

基本文型

黒板には字が書いてありません。

◎)) 193

黒板上没写着字。

Hēibǎnshang méi xiězhe zì.

 "着"の否定は「"没"＋動詞＋"着"＋（目的語）」になります。「～ていない，～てなかった」の意味を表します。

中文の構造を確認してみましょう。（述語を中心に）

写

写 ～字

写着字

没写着字

黒板上没写着字

◎)) 194

	漢字		ピンイン	意味
1	黒板	名	hēibǎn	黒板
2	牌子	名	páizi	看板
3	开灯		kāi dēng	電気をつける
4	头上		tóushang	頭の上
5	戴	動	dài	かぶる，身に着ける，掛ける
6	口罩	名	kǒuzhào	マスク

中国語の漢字を確認してみましょう。

 黒 黒 黒 黒 黒 黒 黒
黒 黒 黒 黒 黒

次の中国語を日本語に訳してみましょう。 195

门口没挂着牌子。

屋子里没开着灯。

日本語の意味に合うように，語順を並べ替えてみましょう。

頭に帽子はかぶっていません。
[戴 / 头 / 帽子 / 没 / 着 / 上]

船に人が乗っていません。
[坐 / 船 / 没 / 着 / 人 / 上]

音声を聞いて，漢字で書いてみましょう。 196

漢字

漢字

次の日本語を中国語に訳してみましょう。

駐車場には車が停まっていません。

ノートには字が書いてありません。

彼はマスクをつけていません。

基本文型

彼は来年中国へ留学しに行くつもりです。

🔊 197

他明年要去中国留学。

Tā míngnián yào qù Zhōngguó liú xué.

🐼 助動詞"要"は動詞の前に置き，意思・希望，予定などの意味を表します。「〜したい，〜するつもりだ，〜する必要がある，〜ことになっている」などに訳されます。

文の構造を確認してみましょう。（述語を中心に）

留学

去中国留学

要去中国留学

明年要去中国留学

他明年要去中国留学

🔊 198

	漢字		ピンイン	意味
1	要	助動	yào	〜したい，〜するつもりだ，〜する必要がある
2	领导	名	lǐngdǎo	指導者，上司
3	检查	動	jiǎnchá	検査する，調べる
4	办事（儿）	動	bàn shì(r)	仕事をする，用を足す
5	做体检		zuò tǐjiǎn	健康診断をする
6	钓鱼		diào yú	釣りをする

中国語の漢字を確認してみましょう。

检**查**   查 查 查 查 查 查 查
查 查

次の中国語を日本語に訳してみましょう。
199

下星期领导要来检查工作。

下午我要去办（一）点儿事儿。

日本語の意味に合うように，語順を並べ替えてみましょう。

弟は明日サッカーの試合に参加しに行く予定です。
［去 / 弟弟 / 要 / 比赛 / 参加 / 足球 / 明天］

来月私は健康診断を行う必要があります。
［下 / 要 / 体检 / 个 / 我 / 做 / 月］

音声を聞いて，漢字で書いてみましょう。
200

漢字

漢字

次の日本語を中国語に訳してみましょう。

お母さんは公園に散歩しに行くつもりです。

彼らは週末釣りに行く予定です。

来週の火曜日彼はアメリカに出張しに行く必要があります。

基本文型

私は明日の夜に残業をしなければなりません。

🔊 201

我明天晚上得加班。

Wǒ míngtiān wǎnshang děi jiā bān.

"得 (děi)" は助動詞です。動詞の前に置き，「～しなければならない，～しなくちゃ」という意味を表します。口語として用いられます。

文の構造を確認してみましょう。（述語を中心に）

加班

得加班

明天晚上得加班

我明天晚上得加班

🔊 202

	漢字		ピンイン	意味
1	得	助動	děi	～しなければならない（口語）
2	欧美		Ōu-Měi	欧米
3	签证	名	qiānzhèng	ビザ
4	加班	動	jiā bān	残業をする
5	糖	名	táng	砂糖
6	还	動	huán	返す，返却する

中国語の漢字を確認してみましょう。

签 签 签 签 签 签 签
签 签 签 签 签 签

次の中国語を日本語に訳してみましょう。
203

中国人去欧美旅游的时候，得申请签证。

星期天咱们得五点出发。

日本語の意味に合うように，語順を並べ替えてみましょう。

この料理は少し砂糖を入れないといけません。
［这 / 糖 / 个 / 放 /（一）点儿 / 得 / 菜］

午後私は病院に診察しに行かないといけません。
［看病 / 下午 / 医院 / 我 / 去 / 得］

音声を聞いて，漢字で書いてみましょう。
204

漢字

漢字

次の日本語を中国語に訳してみましょう。

明日私は事務室に（一度）行かないといけません。

私は図書館に本を返しに行かないといけません。

私たちはバスで行かないといけません。

（10点満点）

●次の中国語を日本語に訳してみましょう。

① 油画儿　　yóuhuàr　　▶

② 翻阅　　fānyuè　　▶

③ 口罩　　kǒuzhào　　▶

④ 厨房　　chúfáng　　▶

⑤ 做体检　　zuò tǐjiǎn　　▶

⑥ 放　　fàng　　▶

⑦ 阳台　　yángtái　　▶

⑧ 加班　　jiā bān　　▶

⑨ 开灯　　kāi dēng　　▶

⑩ 领导　　lǐngdǎo　　▶

（10点満点）

●次の日本語を中国語に訳してみましょう。

① 駐車場に車が停まっていません。

_____

② 玄関に傘が（1つ）置かれています。

_____

③ 彼は来年中国へ留学しに行くつもりです。

_____

④ 先生たちは授業をしているところです。

_____

⑤ 明日私は事務室に（一度）行かないといけません。（得）

_____

⑥ 彼ら2人はおしゃべりをしているところです。

_____

⑦ 黒板には字が書いてありません。

_____

⑧ 午後私は病院に診察しに行かないといけません。（得）

_____

⑨ お父さんは書斎で読書しています。

_____

⑩ 彼らは週末釣りに行く予定です。

_____

_____月_____日

お父さんは私をアメリカに留学に行かせます。

🔊 205

爸爸让我去美国留学。

Bàba ràng wǒ qù Měiguó liú xué.

"让"は強制・許容・放任などの使役を表し，「A＋"让"＋B＋動詞」の形で用いて，「AがBに/を～させる，AがBに～するように言う」といった意味を表します。"让"を用いる構文は兼語文と言い，「AがBに/を～させる」におけるBは"让"の目的語であると同時に，後ろの動詞の主語を兼ねます。

文の構造を確認してみましょう。（述語を中心に）

留学

去美国留学

让我去美国留学

爸爸让我去美国留学

🔊 206

	漢字		ピンイン	意味
1	让	動	ràng	（～に）～させる，するように言う
2	首	量	shǒu	詩や歌を数える
3	护士	名	hùshi	看護師
4	病人	名	bìngrén	患者
5	吃药		chī yào	薬を飲む
6	交作业		jiāo zuòyè	宿題を提出する

中国語の漢字を確認してみましょう。

护士　护　护　护　护　护　护

136

次の中国語を日本語に訳してみましょう。
207

姐姐让弟弟整理房间。

朋友让我去他家玩儿。

日本語の意味に合うように，語順を並べ替えてみましょう。

看護師は患者に薬を飲ませます。
[病人 / 让 / 吃药 / 护士]

先生は学生に宿題を提出させます。
[交作业 / 让 / 老师 / 学生]

音声を聞いて，漢字で書いてみましょう。
208

漢字

漢字

次の日本語を中国語に訳してみましょう。

あなたは誰にこの歌を歌わせたいですか。

会社は私を中国へ出張しに行かせます。

マネージャーは王さんに会場のセッティングをするように言った。

基本文型

お母さんは私に徹夜をさせません。

》
209

妈妈 不让 我熬夜。

Māma bú ràng wǒ áo yè.

 強制・許容・放任などの使役を表す"让"の否定は，「A＋"不让"＋B＋動詞」になります。"不"は後ろの動詞の前には置かないので，注意しましょう。

文の構造を確認してみましょう。（述語を中心に）

熬夜

让我 熬夜

不让我 熬夜

妈妈不让我 熬夜

》
210

	漢字		ピンイン	意味
1	耳语	動	ěryǔ	耳打ちをする，ひそひそ話をする
2	养宠物		yǎng chǒngwù	ペットを飼う
3	炸薯条	名	zhá shǔtiáo	フライドポテト
4	进	動	jìn	入る
5	家长	名	jiāzhǎng	父兄
6	发言	動	fā yán	発言する

中国語の漢字を確認してみましょう。

炸薯条   炸 炸 炸 炸 炸 炸
炸 炸 炸

老师不让学生上课的时候吃东西。

这儿不让养宠物。

日本語の意味に合うように，語順を並べ替えてみましょう。

彼は私に彼の携帯電話を見させません。
[让 / 他 / 看 / 的 / 不 / 他 / 手机 / 我]

彼女は子どもにフライドポテトを食べさせません。
[孩子 / 吃 / 她 / 让 / 炸薯条 / 不]

音声を聞いて，漢字で書いてみましょう。
212

漢字

漢字

次の日本語を中国語に訳してみましょう。

姉は弟に自分の部屋に入らせません。

多くの親は子どもに家事をやらせません。

彼はみんなに発言をさせません。

基本文型

彼は私を失望させませんでした。

◁))
213

他没让我失望。

Tā méi ràng wǒ shīwàng.

強制・許容・放任などの使役を表す"让"の否定は，"不让"だけでなく，"没让"も使われ，「～をさせていない，～をさせなかった」という意味を表します。

文の構造を確認してみましょう。（述語を中心に）

失望

让我失望

没让我失望

他没让我失望

◁)) 214

	漢字		ピンイン	意味
1	失望	動	shīwàng	失望する
2	上补习班		shàng bǔxíbān	予備校・塾に通う
3	学姐	名	xuéjiě	（女性）先輩
4	付钱		fù qián	お金を支払う
5	客户	名	kèhù	取引先
6	赔偿	動	péicháng	賠償する，弁償する

中国語の漢字を確認してみましょう。

进房间　　进　进　进　进　进　进　进

她没让孩子上补习班。

学姐没让我付钱。

日本語の意味に合うように，語順を並べ替えてみましょう。

会社は取引先に弁償させませんでした。
［让 / 公司 / 客户 / 赔偿 / 没］

彼らは王さんに試合に参加させませんでした。
［小王 / 让 / 参加 / 没 / 比赛 / 他们］

音声を聞いて，漢字で書いてみましょう。
216

漢字

漢字

次の日本語を中国語に訳してみましょう。

昨日彼は私に発言させませんでした。

私は彼らを学校に行かせませんでした。

先週会社は私に休ませてくれませんでした。

141

基本文型

彼女の話は私を感動させました。

217

她的话**使**我很感动。

Tā de huà shǐ wǒ hěn gǎndòng.

"使"は"让"と同様，使役を表します。ただし"使"が表すのは強制・許容などの使役ではなく，原因使役，いわゆる"使"の前のことが原因になり，それによって"使"の後のことが生ずることを表します。

文の構造を確認してみましょう。（述語を中心に）

感动

很感动

使我很感动

他的话使我很感动

218

	漢字		ピンイン	意味
1	话	名	huà	はなし
2	使	動	shǐ	～させる
3	感动	形	gǎndòng	感動する，心が打たれる
4	消息	名	xiāoxi	情報，ニュース，便り
5	惊讶	形	jīngyà	呆れる，意外さに驚く
6	受启发		shòu qǐfā	啓発を受ける，触発される

中国語の漢字を確認してみましょう。

惊讶　讶　讶　讶　讶　讶　讶

次の中国語を日本語に訳してみましょう。
219

这个消息使我很惊讶。

这篇文章使我很受启发。

日本語の意味に合うように，語順を並べ替えてみましょう。

彼の報告はみんなをとても失望させました。
[很 / 的 / 他 / 大家 / 使 / 失望 / 报告]

この作文は私を感動させました。
[这 / 很 / 篇 / 感动 / 作文 / 我 / 使]

音声を聞いて，漢字で書いてみましょう。
220

漢字

漢字

次の日本語を中国語に訳してみましょう。

このニュースは私を楽しい気持ちにさせました。

王先生の話は私をとても触発させました。

この本は私を感動させました。

基本文型

友達は（私に）ご馳走をしてくれます。

🔊 221

朋友请我吃大餐。

Péngyou qǐng wǒ chī dàcān.

🐼 "请"は兼語文に使われ，「A＋"请"＋B＋動詞」の形で，「～してもらう，～は～を～に招待する，～は～をご馳走する」意味を表します。また"请"は"请坐"のように，「どうぞ～してください」という意味を表すこともできます。

文の構造を確認してみましょう。（述語を中心に）

吃

吃大餐

请我吃大餐

朋友请我吃大餐

🔊 222

	漢字		ピンイン	意味
1	请	動	qǐng	招待する，頼む，どうぞ（～してください）
2	大餐	名	dàcān	ごちそう
3	专家	名	zhuānjiā	専門家
4	鉴定	動	jiàndìng	鑑定する
5	说明	動	shuōmíng	説明する
6	帮忙	動	bāng máng	手伝う

中国語の漢字を確認してみましょう。

鉴定　鉴　鉴　鉴　鉴　鉴　鉴　鉴
鉴　鉴　鉴　鉴　鉴　鉴

我们请田中老师作报告。

请坐，请喝茶。

日本語の意味に合うように，語順を並べ替えてみましょう。

私たちは専門家に鑑定してほしいと思っています。
[鉴定 / 专家 / 我们 / 请 / 想 / 一下]

王さんに（みんなに）ちょっと説明していただきます。
[给 / 请 / 一下 / 小王 / 说明 / 大家]

音声を聞いて，漢字で書いてみましょう。
224

漢字

漢字

次の日本語を中国語に訳してみましょう。

彼は同僚に手伝ってもらいます。

専門家に講演をしていただきます。

皆さんにここでちょっと待っていただきます。

145

基本文型

お母さんは子供を（少し）早く寝かせます。

225

妈妈让孩子早（一）点儿睡觉。

Māma ràng háizi zǎo(yì) diǎnr shuì jiào.

"一点儿"は形容詞の後ろにつき，程度が小さいことを表します。「少し，ちょっと」の意味になります。数詞"一"はよく省略されます。

文の構造を確認してみましょう。（述語を中心に）

睡觉

早〜睡觉

早（一）点儿睡觉

让我早（一）点儿睡觉

妈妈让我早（一）点儿睡觉

226

	漢字		ピンイン	意味
1	早	形	zǎo	（時間が）早い
2	轻	形	qīng	軽い
3	安静	形	ānjìng	静かだ
4	坚强	形	jiānqiáng	粘り強い，強靭だ
5	心情	名	xīnqíng	気持ち
6	天气	名	tiānqì	天気

中国語の漢字を確認してみましょう。

轻　轻 轻 轻 轻 轻 轻 轻 轻

有没有轻(一)点儿的笔记本电脑？

请慢(一)点儿说。

日本語の意味に合うように，語順を並べ替えてみましょう。

明日私たちは少し遅く出発しましょう。
[吧 / 咱们 / 明天 /(一)点儿 / 出发 / 晚]

皆さん少し静かにしてください。
[安静 / 请 /(一)点儿 / 大家]

音声を聞いて，漢字で書いてみましょう。 228

漢字

漢字

次の日本語を中国語に訳してみましょう。

皆さん(少し)強くなってください。

今日は気持ちが少し良くなりました。

今日の天気は昨日より少しいいです。

月 日

（10点満点）

●次の中国語を日本語に訳してみましょう。

① 炸薯条　　zhá shǔtiáo　　▶

② 专家　　　zhuānjiā　　　▶

③ 消息　　　xiāoxi　　　　▶

④ 护士　　　hùshi　　　　 ▶

⑤ 帮忙　　　bāng máng　　▶

⑥ 付钱　　　fù qián　　　 ▶

⑦ 坚强　　　jiānqiáng　　 ▶

⑧ 交作业　　jiāo zuòyè　　▶

⑨ 养宠物　　yǎng chǒngwù ▶

⑩ 惊讶　　　jīngyà　　　　▶

（10点満点）

●次の日本語を中国語に訳してみましょう。

① 明日私たちは少し遅く出発しましょう。

_____

② 友達は (私に) ご馳走してくれます。

_____

③ 私は彼らを学校に行かせませんでした。

_____

④ 皆さん少し静かにしてください。

_____

⑤ この作文は私を感動させました。

_____

⑥ 王さんに (みなさんに) 少し説明していただきます。

_____

⑦ 会社は取引先に弁償させませんでした。

_____

⑧ 今日は気持ちが少しよくなりました。

_____

⑨ 姉は弟に自分の部屋に入らせません。

_____

⑩ 王先生の話は私をとても触発させました。

_____

月_____日

基本文型

（私たちは）ちゃんと相談しましょう。

🔊 229

咱们<mark>好好儿</mark>商量一下。

Zánmen hǎohāor shāngliang yíxià.

"好好儿"は形容詞"好"の重ね型です。2音節目の声調は1声に変調します。中国語の形容詞には"大，小"のような性質を表すものもあれば，"好"のような状態を表すものもあります。1音節形容詞の重ね型は「AA型（一部の語尾は"儿化"）」になります。よく状態を描写するのに使用されます。文末に用いる時は"的"を伴います。

文の構造を確認してみましょう。（述語を中心に）

商量
商量一下

好好儿 商量一下
咱们好好儿 商量一下

🔊 230

	漢字		ピンイン	意味
1	女朋友	名	nǚpéngyou	ガールフレンド
2	情书	名	qíngshū	ラブレター
3	脸	名	liǎn	顔
4	晒	動	shài	（太陽が）当たる，干す
5	黑	形	hēi	黒い，暗い
6	顿	量	dùn	食事，叱責などの動作の回数を数える

中国語の漢字を確認してみましょう。

顿　顿 顿 顿 顿 顿 顿 顿 顿 顿 顿

他给女朋友写了一篇长长的情书。

脸晒得黑黑的。

日本語の意味に合うように，語順を並べ替えてみましょう。

夜私たちはゆっくりおしゃべりをしましょう。
［慢慢儿 / 咱们 / 聊 / 晚上］

このお菓子は甘くて，とてもおいしいです。
［这 / 好吃 / 甜甜的 / 点心 / 很 / 个］

音声を聞いて，漢字で書いてみましょう。 232

漢字

漢字

次の日本語を中国語に訳してみましょう。

今日私たちはしっかり（一度）食べましょう。

彼は上司宛に長い報告書を書きました。

このリンゴは甘くて，おいしいです。

基本文型

部屋は綺麗に掃除してあります。

233

房间打扫得干干净净。

Fángjiān dǎsǎode gāngānjìngjìng.

"干干净净"は形容詞"干净"の重ね型です。2音節形容詞の重ね型には"干净（干干净净），漂亮（漂漂亮亮）"のような「AABB型」と"雪白（雪白雪白）"のような「ABAB型」があります。文末に"的"をしばしば伴います。

文の構造を確認してみましょう。（述語を中心に）

打扫

打扫 得干干净净

房间 打扫 得干干净净

234

	漢字		ピンイン	意味
1	打扮	動	dǎban	着飾る，装う
2	牙齿	名	yáchǐ	歯
3	雪白	形	xuěbái	雪のように白い
4	手	名	shǒu	手
5	冻	動	dòng	凍る，凍える
6	冰凉	形	bīngliáng	氷のように冷たい

中国語の漢字を確認してみましょう。

 冻 冻 冻 冻 冻 冻 冻

次の中国語を日本語に訳してみましょう。
235

今天姐姐打扮得漂漂亮亮。

她的牙齿雪白雪白的。

日本語の意味に合うように，語順を並べ替えてみましょう。

洋服は綺麗に並べられています。
［得 / 摆 / 整整齐齐 / 衣服］

妹の手は凍えそうな寒さで冷たくなっています。
［的 / 冰凉冰凉 / 妹妹 / 得 / 冻 / 手 / 的］

音声を聞いて，漢字で書いてみましょう。
236

漢字

漢字

次の日本語を中国語に訳してみましょう。

弟の顔は凍えそうな寒さで冷たくなっています。

キッチンは綺麗に片付けられています。

本棚の本はきちんと並べてあります。

基本文型

子供たちは公園で楽しく1日遊びました。

))
237

孩子们在公园高高兴兴地玩儿了一天。

Háizimen zài gōngyuán gāogāoxìngxìngde wánrle yì tiān.

"地"は2音節形容詞・形容詞重ね型などを伴って，動詞の前に用いて，動作・行為中の動作者の様子や態度などを描写するのに用いられます。

文の構造を確認してみましょう。（述語を中心に）

玩儿

玩儿了一天

高高兴兴地玩儿了一天

在公园高高兴兴地玩儿了一天

孩子们在公园高高兴兴地玩儿了一天

))
238

	漢字		ピンイン	意味
1	高兴	形	gāoxìng	喜ぶ，嬉しい
2	地	助	de	形容詞の後ろにつけて，連用修飾語になる
3	天	量	tiān	～日，日数を数える
4	习惯	動	xíguàn	慣れる
5	生活	名	shēnghuó	生活
6	舒服	形	shūfu	心地よい，気分が良い

中国語の漢字を確認してみましょう。

高兴 高 高 高 高 高 高 高 高 高 高

我慢慢地习惯了现在的生活。

田中在沙发上舒舒服服地睡了一会儿。

日本語の意味に合うように，語順を並べ替えてみましょう。

お母さんは子供に静かに2日間休んでほしいです。
［孩子 / 安安静静 / 妈妈 / 让 / 地 / 两天 / 想 / 休息］

昨日私たちは一緒に賑やかに食事を（一度）しました。
［昨天 / 了 / 热热闹闹 / 一起 / 我们 / 地 / 一顿 / 吃］

音声を聞いて，漢字で書いてみましょう。 240

漢字

漢字

次の日本語を中国語に訳してみましょう。

王さんは苦労して30年間働きました。

子供は家でおとなしく英語を1時間勉強しました。

お母さんはいとも簡単に料理を3つ作りました。

155

基本文型

病人はちゃんと休まなければなりません。

◀)) 241

病人要好好儿休息。

Bìngrén yào hǎohāor xiūxi.

 助動詞"要"は動詞の前に用いて，「〜しなければならない，すべき」などの意味を表します。

文の構造を確認してみましょう。（述語を中心に）

休息

好好儿休息

要好好儿休息

病人要好好儿休息

◀)) 242

	漢字		ピンイン	意味
1	要	助動	yào	〜しなければならない，すべきだ
2	过马路		guò mǎlù	道を横断する
3	小心	動	xiǎoxīn	気を付ける
4	注意	動	zhùyì	注意する，気を配る
5	安全	名	ānquán	安全
6	加油	動	jiāyóu	頑張る，精を出す

中国語の漢字を確認してみましょう。

公园　园　园　园　园　园　园　园

次の中国語を日本語に訳してみましょう。
243

我们要好好儿地研究一下这个问题。

过马路的时候要小心点儿。

日本語の意味に合うように，語順を並べ替えてみましょう。

車を運転する時は安全に注意しなければなりません。
[开车 / 注意 / 时候 / 要 / 的 / 安全]

明日少し早く出発しなければなりません。
[早 / 明天 / 一点儿 / 要 / 出发]

音声を聞いて，漢字で書いてみましょう。
244

漢字

漢字

次の日本語を中国語に訳してみましょう。

自転車に乗る時は安全に注意しなければなりません。

私たちは一緒に頑張らなければなりません。

今日の夜は塾に行かなければなりません。

基本文型

今日の料理は少しも塩辛くありません。

🔊 245

今天的菜一点儿都不咸。

Jīntiān de cài yìdiǎnr dōu bù xián.

🐼 「"一点儿都"＋"不"＋形容詞／動詞」の形で「少しも～ない」という意味を表します。

文の構造を確認してみましょう。（述語を中心に）

咸

不咸

一点儿都不咸

今天的菜一点儿都不咸

🔊 246

	漢字		ピンイン	意味
1	兄弟	名	xiōngdì	兄弟
2	像	動	xiàng	～に似ている
3	冷	形	lěng	寒い
4	地道	形	dìdao	本物の，生粋の，本場の
5	困	形	kùn	眠い
6	了解	動	liǎojiě	分かる，知る，理解する

中国語の漢字を確認してみましょう。

冷　冷　冷　冷　冷　冷　冷　冷

次の中国語を日本語に訳してみましょう。
247

兄弟俩长得一点儿都不像。

今天一点儿都不冷。

日本語の意味に合うように，語順を並べ替えてみましょう。

私は英語を話すのが全然生粋ではありません。
[不 / 我 / 一点儿都 / 英语 / 得 / 地道 / 说]

私は全然眠くありません。
[不 / 一点儿都 / 困 / 我]

音声を聞いて，漢字で書いてみましょう。
248

漢字

漢字

次の日本語を中国語に訳してみましょう。

この化粧品は少しも高くありません。

彼は私のことを全然分かっていません。

ここのマーボー豆腐は全然辛くありません。

基本文型

昨日は何も食べませんでした。

249

昨天一点儿东西都没吃。

Zuótiān yìdiǎnr dōngxi dōu méi chī.

「"一点儿都"+"没"+形容詞/動詞」の形で「少しも～なかった，少しも～ていない」という意味を表します。目的語がある場合は「"一点儿"+（目的語）"都"+"没"+動詞」または「（目的語）+"一点儿都"+"没"+動詞」のように表現します。

文の構造を確認してみましょう。（述語を中心に）

吃

没吃   一点儿东西都没吃

一点儿～都没吃   昨天一点儿东西都没吃

250		漢字		ピンイン	意味
1	犹豫	動	yóuyù	ためらう，躊躇する
2	剩	動	shèng	残る，余る
3	老同学		lǎotóngxué	昔の同級生
4	变	動	biàn	変わる
5	面试	名	miànshì	面接
6	紧张	形	jǐnzhāng	緊張する

中国語の漢字を確認してみましょう。

犹豫   犹 犹 犹 犹 犹 犹 犹

他买电脑的时候一点儿都没犹豫。

昨天一点儿东西都没买。

おとといの夜，私は全然寝ませんでした。
[没 / 前天 / 我 / 一点儿都 / 晚上 / 睡]

お母さんが作った料理は少しも残りませんでした。
[的 / 没 / 菜 / 妈妈 / 一点儿都 / 做 / 剩]

漢字

漢字

昔の同級生は少しも変わっていません。

面接の時は全然緊張しませんでした。

彼は昨日お酒を全然飲みませんでした。

✏️ テスト

___月___日

（10点満点）

●次の中国語を日本語に訳してみましょう。

① 高兴　gāoxìng　▶

② 面试　miànshì　▶

③ 打扮　dǎban　▶

④ 小心　xiǎoxīn　▶

⑤ 困　kùn　▶

⑥ 情书　qíngshū　▶

⑦ 老同学　lǎotóngxué　▶

⑧ 舒服　shūfu　▶

⑨ 冰凉　bīngliáng　▶

⑩ 地道　dìdao　▶

162

（10点満点）

●次の日本語を中国語に訳してみましょう。

① 病人はちゃんと休まなければなりません。

② 彼は私のことを全然分かってくれません。

③ このお菓子は甘くて，とてもおいしいです。

④ 私は次第に今の生活に慣れました。

⑤ 彼は昨日お酒を全然飲みませんでした。

⑥ 洋服は綺麗に並べられています。

⑦ ここのマーボー豆腐は全然辛くありません。

⑧ 私たちは一緒に頑張らなければなりません。

⑨ お母さんが作った料理は少しも残りませんでした。

⑩ 子供たちは公園で楽しく1日遊びました。

基本文型

私の話を彼女は聞いてくれるはずです。

🔊 253

我的话她会听的。

Wǒ de huà tā huì tīng de.

"会"は動詞の前に用い，可能性や見込みがあることを表します。"会〜的"のように，文末にしばしば"的"を伴って，話し手の強い確信の気持ちを表します。疑問の場合は通常"的"を伴いません。

文の構造を確認してみましょう。（述語を中心に）

听

会 听 的

她 会 听 的　　我的话她会听的

🔊 254

	漢字		ピンイン	意味
1	会	助動	huì	（可能性があることを表す）〜するだろう，〜するものだ，〜するはずだ
2	婚礼	名	hūnlǐ	結婚式
3	好人	名	hǎorén	善人，お人好し
4	（有）好报		(yǒu) hǎobào	報われる
5	答复	動	dáfù	返事する
6	接	動	jiē	迎える，出迎える

中国語の漢字を確認してみましょう。

紧张　紧　紧　紧　紧　紧　紧　紧
　　　紧　紧　紧

164

次の中国語を日本語に訳してみましょう。 255

星期天她会来参加你们的婚礼的。

好人会有好报的。

日本語の意味に合うように，語順を並べ替えてみましょう。

彼は明日来るのでしょうか。
［他 / 来 / 明天 / 吗 / 会］

会社は私たちに返事をくれるでしょう。
［答复 / 公司 / 会 / 的 / 我们 / 给］

音声を聞いて，漢字で書いてみましょう。 256

漢字

漢字

次の日本語を中国語に訳してみましょう。

彼女はあなたを許すでしょう。

彼は駅に（あなたを）迎えに来てくれるでしょう。

明日（私はあなたに）電話をします。

基本文型

彼はあなたを困らせないでしょう。

))) 257

他不会让你为难的。

Tā bú huì ràng nǐ wéinán de.

"会"の否定は"不会"です。肯定文と同様，"不会～的"のように，文末に"的"を伴うことができます。ただ疑問文には"的"を伴うことができません。

文の構造を確認してみましょう。（述語を中心に）

为难

让你为难

不会让你为难的

他不会让你为难的

)))
258

	漢字		ピンイン	意味
1	为难	動・形	wéinán	困らせる，困る
2	失约	動	shīyuē	約束を守らない
3	放心	動	fàng xīn	安心する
4	吃苦	動	chī kǔ	苦労する，苦しい目に合う
5	父母	名	fùmǔ	両親
6	反对	動	fǎnduì	反対する

中国語の漢字を確認してみましょう。

为难

难 难 难 难 难 难 难
难 难 难

166

次の中国語を日本語に訳してみましょう。
259

明天我不会失约的。

放心吧。我不会让你吃苦的。

日本語の意味に合うように，語順を並べ替えてみましょう。

彼は皆さんを失望させないでしょう。
［失望 / 他 / 不 / 大家 / 会 / 的 / 让］

私の両親は反対しないでしょう。
［我 / 不 / 父母 / 会 / 的 / 反対］

音声を聞いて，漢字で書いてみましょう。
260

漢字

漢字

次の日本語を中国語に訳してみましょう。

私は明日の試合に参加することはありません。

（あなた）安心してください。私は彼に教えることはしませんから。

王さんは緊張しないでしょう。

基本文型

机の上のものを動かすな。

🔊 261

别动桌子上的东西。

Bié dòng zhuōzishang de dōngxi.

🐼 "别"は禁止の意味を表す副詞です。動詞句の前に用いて，「～するな，～しない
で」という意味を表します。

文の構造を確認してみましょう。（述語を中心に）

动

动 ～东西

动 桌子上的东西

别 动 桌子上的东西

🔊 262

	漢字		ピンイン	意味
1	别	副	bié	～するな，～しないで
2	动	動	dòng	動かす，動く
3	楼道	名	lóudào	廊下
4	时	名	shí	～の時
5	走神儿	動	zǒu shénr	気が散る，ぼんやりする
6	打扰	動	dǎrǎo	邪魔をする

中国語の漢字を確認してみましょう。

动　动　动　动　动　动　动

次の中国語を日本語に訳してみましょう。 263

別在楼道里打电话。

开车时别走神儿。

日本語の意味に合うように，語順を並べ替えてみましょう。

残り物を食べないで。
[东西 / 别 / 吃 / 的 / 剩]

授業（を受ける）の時は私語をしないで。
[时 / 上课 / 说话 / 别]

音声を聞いて，漢字で書いてみましょう。 264

漢字

漢字

次の日本語を中国語に訳してみましょう。

彼にこのことを教えないで。

彼を邪魔しに行かないで。

食事をする時は携帯電話を見ないで。

基本文型

山本さんを中国出張に行かせるのをやめましょう。

🔊 265

别让山本去中国出差了。

Bié ràng Shānběn qù Zhōngguó chū chāi le.

禁止の意味を表す"别"が"别～了"のように，文末に"了"を伴う場合は，「もう～しないで，～するのをやめなさい」という意味になります。

文の構造を確認してみましょう。（述語を中心に）

出差

去中国出差

让山本去中国出差

别让山本去中国出差了

🔊 266

	漢字		ピンイン	意味
1	担心	動	dānxīn	心配する
2	努力	動	nǔlì	努力する，頑張る
3	发牢骚		fā láosao	愚痴をこぼす
4	伤心	形	shāngxīn	悲しむ，悲しくなる
5	添麻烦		tiān máfan	迷惑をかける
6	浪费	動	làngfèi	浪費する，無駄遣いをする

中国語の漢字を確認してみましょう。

伤心　伤　伤　伤　伤　伤　伤

你身体不好，别喝酒了。

你别担心了，我们会努力的。

日本語の意味に合うように，語順を並べ替えてみましょう。

皆さんを困らせないようにしましょう。
[让 / 别 / 了 / 为难 / 大家。]

もう愚痴をこぼさないようにしましょう。
[牢骚 / 别 / 了 / 发]

音声を聞いて，漢字で書いてみましょう。 268

漢字

漢字

次の日本語を中国語に訳してみましょう。

悲しまないでください。

みんなに迷惑をかけないでください。

時間を無駄にしないでください。

基本文型

今日買い物に行くのをやめます。

◕ 269

今天<mark>不去买东西了</mark>。

Jīntiān bú qù mǎi dōngxi le.

🐼 否定副詞"不"が"不～了"の形で使われる場合,「～するのをやめる，～しない
ことにした」という意味を表します。

文の構造を確認してみましょう。(述語を中心に)

<mark>买</mark>

<mark>买</mark>东西

去<mark>买</mark>东西

不去<mark>买</mark>东西了

今天不去<mark>买</mark>东西了

◕ 270

	漢字		ピンイン	意味
1	打搅	動	dǎjiǎo	邪魔をする
2	哭	動	kū	泣く
3	叫外卖		jiào wàimài	テイクアウトを注文する
4	暑假	名	shǔjià	夏休み
5	单位	名	dānwèi	勤め先
6	想	動	xiǎng	考える

中国語の漢字を確認してみましょう。

哭	哭 哭 哭 哭 哭 哭 哭 哭
	哭 哭

次の中国語を日本語に訳してみましょう。 271

明天不去打搅你们了。

孩子不哭了。

日本語の意味に合うように，語順を並べ替えてみましょう。

今日出前をやめます。
［叫 / 今天 / 外卖 / 不 / 了］

王さんは体を鍛えに行くのをやめました。
［老王 / 了 / 锻炼 / 不 / 身体 / 去］

音声を聞いて，漢字で書いてみましょう。 272

漢字

漢字

次の日本語を中国語に訳してみましょう。

私は夏休みに旅行に行かないことにしました。

勤め先は（みんなに）ボーナスを出さないことにしました。

今日考えるのをやめます。明日にしましょう。

173

基本文型

私は中国へ留学しに行くつもりです。

🔊 273

我打算去中国留学。

Wǒ dǎsuàn qù Zhōngguó liú xué.

 "打算"は動詞句の前に用いて，「～するつもりだ，～する予定だ」という意味を表します。

文の構造を確認してみましょう。（述語を中心に）

留学

去中国留学

打算去中国留学

我打算去中国留学

🔊 274

	漢字		ピンイン	意味
1	打算	動	dǎsuàn	～するつもりだ，～する予定だ
2	海边儿	名	hǎibiānr	海辺
3	救命恩人		jiùmìng ēnrén	命の恩人
4	面	量	miàn	ペナント，鏡などを数える
5	锦旗	名	jǐnqí	ペナント
6	寒假	名	hánjià	冬休み

中国語の漢字を確認してみましょう。

锦旗　锦　锦　锦　锦　锦　锦　锦
　　　锦　锦　锦　锦　锦　锦

次の中国語を日本語に訳してみましょう。 275

你打算什么时候出发？

下周我们打算去海边儿玩儿玩儿。

日本語の意味に合うように，語順を並べ替えてみましょう。

私たちは命の恩人にペナントをプレゼントするつもりです。
［救命恩人 / 我们 / 送 / 给 / 一面 / 打算 / 锦旗］

あなたたちは出前を頼むつもりですかそれとも自分で作るつもりですか。
［自己 / 叫 / 你们 / 外卖 / 打算 / 还是 / 做］

音声を聞いて，漢字で書いてみましょう。 276

漢字

漢字

次の日本語を中国語に訳してみましょう。

私は冬休みにたくさんアルバイトをするつもりです。

友達らは野球をしに行くつもりです。

あなたたちはどこに旅行しに行くつもりですか。

（10点満点）

●次の中国語を日本語に訳してみましょう。

① 走神儿　　zǒu shénr　　　　▶

② 发牢骚　　fā láosao　　　　▶

③ 放心　　　fàngxīn　　　　　▶

④ 添麻烦　　tiān máfan　　　　▶

⑤ 锦旗　　　jǐnqí　　　　　　▶

⑥ 答复　　　dáfù　　　　　　▶

⑦ 单位　　　dānwèi　　　　　▶

⑧ 打扰　　　dǎrǎo　　　　　　▶

⑨ 担心　　　dānxīn　　　　　▶

⑩ 为难　　　wéinán　　　　　▶

（10点満点）

●次の日本語を中国語に訳してみましょう。

① 今日考えるのをやめます。明日にしましょう。

_____

② 友達らは野球をしに行くつもりです。

_____

③ 彼は駅に（あなたを）迎えに来てくれるでしょう。

_____

④ 愚痴をこぼさないようにしましょう。

_____

⑤ あなたは出前を頼むつもりですかそれとも自分で作るつもりですか。

_____

⑥ 授業（を受ける）の時は私語をしないで。

_____

⑦ 夏休み私は旅行に行かないことにしました。

_____

⑧ 彼を邪魔しに行かないで。

_____

⑨ 時間を無駄にしないでください。

_____

⑩ 私の両親は反対しないでしょう。（会）

_____

基本文型

テーブル（の上）には 2 つの皿があります。

🔊 277

饭桌上有两个盘子。

Fànzhuōshang yǒu liǎng ge pánzi.

中国語には存在・出現・消失などの意味を表す構文があり，存現文と言います。
場所が主語の位置に置き，人や事物が動詞の後ろに置くという特徴があります。
目的語としての存在物にはよく数量詞を伴います。

文の構造を確認してみましょう。（述語を中心に）

有
有 ～盘子
有 两个盘子
饭桌上 有 两个盘子

🔊 278

	漢字		ピンイン	意味
1	饭桌	名	fànzhuō	テーブル
2	盘子	名	pánzi	皿
3	电池	名	diànchí	電池
4	拿	動	ná	持つ，取る
5	介绍信	名	jièshàoxìn	紹介状
6	堆	動	duī	積む，積み上げる

中国語の漢字を確認してみましょう。

盘子　盘　盘　盘　盘　盘　盘　盘
盘　盘　盘　盘

次の中国語を日本語に訳してみましょう。 279

抽屉里有两节电池。

手里拿着一封介绍信。

日本語の意味に合うように，語順を並べ替えてみましょう。

壁には洋服が(1枚)掛けられています。
[着 / 墙上 / 一 / 衣服 / 挂 / 件]

駅の隣にはスーパーマーケットが(1軒)あります。
[车站 / 有 / 旁边 / 超市 / 家 / 一]

音声を聞いて，漢字で書いてみましょう。 280

漢字

漢字

次の日本語を中国語に訳してみましょう。

机の上にはたくさんの本が積んであります。

カバンの中には本が(1冊)あります。

ソファー(の上)には洋服がたくさん置いてあります。

基本文型

私たちの学部には5人の中国人留学生が来ています。

((●)) 281

我们系来了五个中国留学生。

Wǒmen xì láile wǔ ge Zhōngguó liúxuéshēng.

 出現の意味を表す存現文には，場所が主語の位置に置き，人や事物が動詞の後ろに置くという特徴があります。目的語としての出現物（人）にはしばしば数量詞を伴います。

文の構造を確認してみましょう。（述語を中心に）

来

来 ～中国留学生

来了五个中国留学生

我们系来了五个中国留学生

((●)) 282

	漢字		ピンイン	意味
1	高速公路	名	gāosù gōnglù	高速道路
2	发生	動	fāshēng	発生する，起こる
3	起	量	qǐ	事件・事故を数える
4	交通事故	名	jiāotōng shìgù	交通事故
5	出	動	chū	出る，現れる
6	大人物	名	dàrénwù	大物，偉い人

中国語の漢字を確認してみましょう。

墙上

墙 墙 墙 墙 墙 墙 墙 墙
墙 墙 墙 墙 墙 墙

高速公路上发生了一起交通事故。

我们学校出了一个大人物。

日本語の意味に合うように，語順を並べ替えてみましょう。

駅付近で交通事故が起きました。
［発生 / 车站 / 起 / 附近 / 一 / 交通事故 / 了］

昨日うちに2人のお客さんが来ました。
［个 / 来 / 昨天 / 了 / 两 / 我家 / 客人］

音声を聞いて，漢字で書いてみましょう。 284

漢字

漢字

次の日本語を中国語に訳してみましょう。

当社に2人のアメリカ人が来ました。

公園付近で交通事故が起きました。

彼らの会社から大物が1人出た。

基本文型

金魚鉢の中で魚が（1匹）死にました。

🔊 285

鱼缸里死了一条鱼。

Yúgāngli sǐle yì tiáo yú.

> 消失の意味を表す存現文には，場所が主語の位置に置き，人や事物が動詞の後ろに置くという特徴があります。目的語としての消失物（人）にはしばしば数量詞を伴います。

文の構造を確認してみましょう。（述語を中心に）

死

死了一条鱼

鱼缸里死了一条鱼

🔊 286

	漢字		ピンイン	意味
1	鱼缸	名	yúgāng	金魚鉢
2	死	動	sǐ	死ぬ
3	鱼	名	yú	さかな
4	盆	量	pén	鉢などの容器を単位とし，固体や液体のものを数える
5	花	名	huā	花
6	筷子	名	kuàizi	箸

中国語の漢字を確認してみましょう。

鱼缸　缸　缸　缸　缸　缸　缸　缸
缸　缸

朋友家死了一只猫。

门口少了一盆花。

日本語の意味に合うように，語順を並べ替えてみましょう。

本棚から2冊の本がなくなっています。
［上 / 本 / 书架 / 了 / 两 / 少 / 书］

昨日1人亡くなりました。
［个 / 死 / 昨 / 天 / 一 / 人 / 了］

音声を聞いて，漢字で書いてみましょう。 288

漢字

漢字

次の日本語を中国語に訳してみましょう。

クラスから留学生が1人減りました。

昨日金魚鉢の中で3匹の魚が死にました。

机の上から箸が1膳なくなっています。

基本文型

雨が降ってきました。家に帰りましょう。

))) 289

下雨了，回家吧。

Xià yǔ le, huí jiā ba.

存現文には存在・出現・消失を表すもの以外に，自然現象を表す表現も含まれます。"下雨"のように，動詞"下"が日本語の主語に相当する"雨"の前に置かれます。

文の構造を確認してみましょう。（述語を中心に）

下雨

下雨了，

下雨了，回家吧

))) 290

	漢字		ピンイン	意味
1	下雨		xià yǔ	雨が降る
2	太阳	名	tàiyáng	太陽
3	刮风		guā fēng	風が吹く
4	下雪		xià xuě	雪が降る
5	阴天		yīn tiān	曇り空
6	避雨		bì yǔ	雨宿りをする

中国語の漢字を確認してみましょう。

刮风　刮　刮　刮　刮　刮　刮　刮　刮

天气好了，出太阳了。

刮风了，别去买东西了。

日本語の意味に合うように，語順を並べ替えてみましょう。

外は雪が降ってきました。
［下雪 / 了 / 外面］

曇ってきました。洗濯するのをやめましょう。
［了 / 阴天 / 衣服 / 别 / 了 / 洗。］

音声を聞いて，漢字で書いてみましょう。 292

漢字

漢字

次の日本語を中国語に訳してみましょう。

外は雨が降ってきました。

今朝は太陽が出ていました。

雨が降ってきました。私たちは車（を運転して）で行きましょう。

基本文型

李さんは今日どうして仕事に来ていないのですか。

🔊 293

小李今天怎么没来上班？

Xiǎo-Lǐ jīntiān zěnme méi lái shàng bān?

"怎么"は述語の前に置き，「どうして，なんで」の意味を表します。通常話し手の予想とは違う事態について尋ねる時に用います。

文の構造を確認してみましょう。（述語を中心に）

上班

没来 上班

怎么没来 上班

今天怎么没来 上班

小李今天怎么没来 上班

🔊 294

	漢字		ピンイン	意味
1	怎么	代	zěnme	なぜ，どうして
2	开窗户		kāi chuānghu	窓を開ける
3	糊涂	形	hútu	はっきりしない，愚かだ
4	天黑		tiān hēi	(空が)暗い
5	家庭教师	名	jiātíng jiàoshī	家庭教師
6	顺利	形	shùnlì	順調だ

中国語の漢字を確認してみましょう。

开**窗**户

窗 窗 窗 窗 窗 窗 窗
窗 窗 窗 窗 窗

你怎么不开窗户?

他们怎么那么糊涂?

日本語の意味に合うように，語順を並べ替えてみましょう。

彼はどうして学校に来て授業を受けないのですか。
[学校 / 他 / 不 / 上课 / 来 / 怎么]

暗くなりました。あなたはどうして電気をつけないのですか。
[开灯 / 天黑 / 怎么 / 你 / 了 / 不]

音声を聞いて，漢字で書いてみましょう。 296

漢字

漢字

次の日本語を中国語に訳してみましょう。

彼はどうして皆さんに発言させないのですか。

彼女はどうして子供に家庭教師を見つけてあげないのですか。

今日はどうしてこんなにうまくいかないのですか。

_____月_____日

基本文型

日本に旅行に来る外国人がますます多くなっています。

🔊 297

来日本旅游的外国人越来越多。

Lái Rìběn lǚyóu de wàiguórén yuèláiyuè duō.

 「"越来越"＋形容詞・（感情や心理状態を表す）動詞」の形で「時間が経つとともに程度が高まる」ことを表し，「ますます～」の意味になります。

文の構造を確認してみましょう。（述語を中心に）

多

越来越 多

外国人越来越 多

来日本旅游的外国人越来越 多

🔊 298

	漢字		ピンイン	意味
1	外国人		wàiguórén	外国人
2	越来越		yuèláiyuè	ますます，次第に
3	最近	名	zuìjìn	最近
4	压力	名	yālì	圧力
5	印度	名	Yìndù	インド（国名）
6	外企	名	wàiqǐ	外国企業

中国語の漢字を確認してみましょう。

印度　印 印 印 印 印

兄弟俩长得越来越像了。

最近压力越来越大。

日本語の意味に合うように，語順を並べ替えてみましょう。

最近ますますケーキを食べるのが好きになりました。
[吃 / 最近 / 蛋糕 / 越来越 / 了 / 喜欢。]

インドに投資に行く外資系企業がますます増えています。
[去 / 外企 / 越来越 / 印度 / 多 / 投资 / 的]

音声を聞いて，漢字で書いてみましょう。 300

漢字

漢字

次の日本語を中国語に訳してみましょう。

中国語が話せる人がますます多くなっています。

妹はますますおしゃれをするのが好きになりました。

韓国のドラマを見るのが好きな人はますます増えています。

（10点満点）

●次の中国語を日本語に訳してみましょう。

① 筷子　　kuài　　▶

② 糊涂　　hútu　　▶

③ 刮风　　guā fēng　　▶

④ 饭桌　　fànzhuō　　▶

⑤ 天黑　　tiān hēi　　▶

⑥ 鱼缸　　yúgāng　　▶

⑦ 开窗户　　kāi chuānghu　　▶

⑧ 外企　　wàiqǐ　　▶

⑨ 大人物　　dàrénwù　　▶

⑩ 避雨　　bì yǔ　　▶

（10点満点）

●次の日本語を中国語に訳してみましょう。

① 曇ってきました。洗濯するのをやめましょう。

_____

② 彼はどうして学校に授業を受けに来ないのですか。

_____

③ 駅付近で交通事故が起きました。

_____

④ 中国語が話せる人がますます多くなっています。

_____

⑤ 本棚から2冊の本がなくなっています。

_____

⑥ ソファーには洋服がたくさん置かれています。

_____

⑦ 最近ますますケーキを食べるのが好きになりました。

_____

⑧ 今日はどうしてこんなにうまく行かないのですか。

_____

⑨ 今朝は太陽が出ていました。

_____

⑩ 昨日3匹の魚が死にました。

_____

基本文型

彼女はしばらくいて（座って）すぐ行きました。

🔊 301

她坐了一会儿就走了。

Tā zuòle yíhuìr jiù zǒu le.

🐼 "就"は時間表現の後ろに用い，出来事の発生までの時間が短いことを表し，「～とすぐ」という意味を表します。

文の構造を確認してみましょう。（述語を中心に）

走
走了
一会儿就走了
坐了一会儿就走了
她坐了一会儿就走了

🔊 302

	漢字		ピンイン	意味
1	就	副	jiù	すぐに，（早くも）もう
2	醒	動	xǐng	目が覚める
3	半	数	bàn	2分の1
4	分手	動	fēn shǒu	別れる
5	新闻	名	xīnwén	ニュース
6	开会	動	kāi huì	会議を開く

中国語の漢字を確認してみましょう。

新**闻**　闻　闻　闻　闻　闻　闻　闻　闻　闻

次の中国語を日本語に訳してみましょう。 303

昨天晚上我睡了一个小时就醒了。

他们俩谈了半年恋爱就分手了。

日本語の意味に合うように，語順を並べ替えてみましょう。

彼は英語を30分間勉強してすぐやめました。
[英语 / 他 / 了 / 个 / 半 / 学 / 就 / 学 / 不 / 了 / 小时]

お父さんは少しニュースを見てすぐ出勤しました。
[看 / 爸爸 / 了 / 新闻 / 了 / 就 / 上班 / 一会儿 / 去]

音声を聞いて，漢字で書いてみましょう。 304

漢字

漢字

次の日本語を中国語に訳してみましょう。

弟は少しゲームをしてすぐ寝ました。

王マネージャーは少し休憩してすぐ会議に行きました。

私は少し本を読んですぐ眠くなりました。

基本文型

この機械は1回使ってすぐ壊れました。

🔊 305

这个机器用了一次<mark>就</mark>坏了。

Zhèi ge jīqì yòngle yí cì jiù huài le.

 "就"は数量表現の後ろに用い，出来事の発生までの時間が短い，数量が少ないことを表し，「〜とすぐ」という意味を表します。

文の構造を確認してみましょう。（述語を中心に）

坏

坏了

一次就坏了

用了一次就坏了

这个机器用了一次就坏了

🔊 306

	漢字		ピンイン	意味
1	遍	量	biàn	(ある動作の全過程を数える)回
2	明白	動・形	míngbai	分かる，理解する，明らかだ
3	第一次		dì yī cì	初めて
4	彩票	名	cǎipiào	宝くじ
5	中	動	zhòng	当たる，受かる
6	饱	形	bǎo	満腹する

中国語の漢字を確認してみましょう。

 饱　饱　饱　饱　饱　饱　饱　饱

次の中国語を日本語に訳してみましょう。
307

他看了一遍就明白了。

田中第一次买彩票就中了。

日本語の意味に合うように，語順を並べ替えてみましょう。

私はご飯を半分食べて，もうお腹いっぱいになりました。
[饱 / 我 / 半 / 了 / 碗 / 吃 / 就 / 了 / 饭]

妹は1回練習してすぐできるようになりました。
[一 / 了 / 妹妹 / 次 / 了 / 练习 / 会 / 就]

音声を聞いて，漢字で書いてみましょう。
308

漢字

漢字

次の日本語を中国語に訳してみましょう。

弟は1回遊んですぐ遊ぶのをやめました。

私は焼きギョーザを4個食べてもうお腹いっぱいになりました。

このおもちゃは1回遊んですぐ壊れてしまいました。

基本文型

全員揃ったなら料理を出しましょう。

🔊 309

人齐了就上菜吧。

Rén qíle jiù shàng cài ba.

"就"には仮定の用法があります。前の文脈で述べられたことを受けて，それによって引き起こされる事態を表します。「～なら，～たら」という意味を表します。

文の構造を確認してみましょう。（述語を中心に）

上菜

上菜 吧

人齐了就 上菜 吧

🔊 310

	漢字		ピンイン	意味
1	齐	動	qí	揃う
2	就	副	jiù	～なら，～たら
3	上菜		shàng cài	料理を出す，料理を運ぶ
4	开始	動	kāishǐ	始まる，始める
5	泰国	名	Tàiguó	タイ（国名）
6	清楚	形	qīngchu	明らかだ，はっきりしている

中国語の漢字を確認してみましょう。

泰国　　泰　泰　泰　泰　泰　泰　泰　泰　泰　泰

孩子想吃就让他吃吧。

不好吃就别吃了。

日本語の意味に合うように，語順を並べ替えてみましょう。

（人が）揃ったなら始めましょう。
［人 / 吧 / 齐 / 开始 / 就 / 了］

彼女が行きたいのなら行かせてあげましょう。
［去 / 她 / 去 / 就 / 想 / 她 / 吧 / 让］

音声を聞いて，漢字で書いてみましょう。 312

漢字

漢字

次の日本語を中国語に訳してみましょう。

気に入ったのなら（1つ）買いましょう。

彼がタイに行きたいのなら行かせてあげましょう。

調べてみれば明らかになります。

197

基本文型

昨日用事があったので，集まりに行きませんでした。

🔊 313

昨天有事儿，所以没去参加聚会。

Zuótiān yǒu shìr, suǒyǐ méi qù cānjiā jùhuì.

 "所以"は因果関係を述べる文に用いて，結果・結論を表します。「だから～」の意味になります。

文の構造を確認してみましょう。（述語を中心に）

参加

参加 聚会

没去 参加 聚会

所以 没去 参加 聚会

昨天有事儿，所以没去 参加 聚会

🔊 314

	漢字		ピンイン	意味
1	有事儿		yǒu shìr	用事がある
2	所以	接	suǒyǐ	（因果関係を表す）だから～
3	聚会	名	jùhuì	集まり
4	感冒	動	gǎnmào	風邪をひく
5	收	動	shōu	受け取る，受け入れる
6	胃	名	wèi	胃

中国語の漢字を確認してみましょう。

聚会

聚 聚 聚 聚 聚 聚 聚 聚
聚 聚 聚 聚 聚 聚

昨天感冒了，所以没去上课。

这个礼物太贵了，所以我不能收。

次の日本語の意味に合うように，語順を並べ替えてみましょう。

私は今日胃の調子が悪いので，ご飯を食べませんでした。
［胃 / 我 / 不舒服 / 今天 / 没 / 饭 / 所以 / 吃］

この服は少し汚くなっているので，着ませんでした。
［这 / 脏 / 衣服 / 了 / 件 / 穿 / 所以 / 有点儿 / 没］

音声を聞いて，漢字で書いてみましょう。
316

漢字

漢字

次の日本語を中国語に訳してみましょう。

今日は時間がないので，明日（になって）行きましょう。

私は昨日9時に（もう）寝たので，今日は少しも眠くありません。

この本はとても面白いので，私は何回も読みました。

野菜を多めに食べます。

🔊 317

多吃点儿蔬菜。

Duō chī diǎnr shūcài.

🐼 形容詞"多"を動詞の前に用いて,「多めに~する,~を少し多く~」という意味
を表します。しばしば動詞の後ろに"点儿"や数量詞を伴います。

文の構造を確認してみましょう。（述語を中心に）

吃

吃～蔬菜

吃点儿蔬菜

多吃点儿蔬菜

🔊 318

	漢字		ピンイン	意味
1	迷路	動	mí lù	道に迷う
2	冤枉路	名	yuānwanglù	遠回りをする
3	倒休	動	dǎo xiū	休日を振り替える,代休する
4	情况	名	qíngkuàng	事情,様子,状況
5	带	動	dài	携帯する,持つ
6	交流	動	jiāoliú	交流する

中国語の漢字を確認してみましょう。

冤枉路　　冤　冤　冤　冤　冤　冤　冤
冤　冤　冤

次の中国語を日本語に訳してみましょう。
319

家里来客人了，所以多买了点儿海鲜。

我昨天迷路了，所以多走了一公里冤枉路。

日本語の意味に合うように，語順を並べ替えてみましょう。

今日は寒すぎるので，（私は）1枚多く（服を）着ました。
［我 / 太 / 今天 / 冷 / 多 / 了 / 所以 / 衣服 / 穿 / 件 / 了 / 一］

今日は代休なので，少し多く寝てもいいです。
［可以 / 今天 / 所以 / 一会儿 / 倒休 / 睡 / 多］

音声を聞いて，漢字で書いてみましょう。
320

漢字

漢字

次の日本語を中国語に訳してみましょう。

（私は）状況をもっと知りたいです。

私たちは食べ物を多めに持っていきましょう。

みんなでたくさん交流しましょう。

基本文型

脂っこいものを少なめに食べます。

🔊 321

少吃点儿油腻的东西。

Shǎo chī diǎnr yóunì de dōngxi.

 形容詞"少"を動詞の前に用い,「少なめに~する,～を少し少なく~」という意味を表します。しばしば動詞の後ろに"点儿"や数量詞を伴います。

文の構造を確認してみましょう。(述語を中心に)

吃

吃~东西

吃~油腻的东西

少吃点儿油腻的东西

🔊 322

	漢字		ピンイン	意味
1	份	量	fèn	組やそろいになったものを数える
2	这次		zhèi cì	今回
3	走弯路		zǒu wānlù	回り道をする
4	别人	名	biérén	ほかの人,他人
5	坏话	名	huàihuà	悪口
6	受罪	動	shòu zuì	苦しめられる,ひどい目に合う

中国語の漢字を確認してみましょう。

弯路   弯 弯 弯 弯 弯 弯 弯 弯 弯

次の中国語を日本語に訳してみましょう。 323

大家都少说一句，好不好？

———————————————————————

你身体不好，少喝点儿酒吧。

———————————————————————

日本語の意味に合うように，語順を並べ替えてみましょう。

昨日お土産を1つ少なく買いました。
［份 / 昨天 / 了 / 买 / 一 / 礼物 / 少］

———————————————————————

今回私たちは回り道をかなり減らしました。
［次 / 我们 / 很多 / 这 / 弯路 / 走 / 了 / 少］

———————————————————————

音声を聞いて，漢字で書いてみましょう。 324

漢字

———————————————————————

漢字

———————————————————————

次の日本語を中国語に訳してみましょう。

他人の悪口を言うのを少なくします。

———————————————————————

子供に苦労させることを少なくします。

———————————————————————

ゲームを少なくして，勉強を多くします。

———————————————————————

✏ テスト

（10点満点）

●次の中国語を日本語に訳してみましょう。

① 上菜　　shàng cài　　▶ _____

② 坏话　　huàihuà　　▶ _____

③ 分手　　fēnshǒu　　▶ _____

④ 冤枉路　yuānwanglù　▶ _____

⑤ 饱　　　bǎo　　　　▶ _____

⑥ 聚会　　jùhuì　　　▶ _____

⑦ 所以　　suǒyǐ　　　▶ _____

⑧ 受罪　　shòu zuì　　▶ _____

⑨ 开会　　kāi huì　　　▶ _____

⑩ 彩票　　cǎipiào　　　▶ _____

（10点満点）

●次の日本語を中国語に訳してみましょう。

① 私は今日胃の調子が悪いので，ご飯を食べませんでした。

② 私は少し本を読んですぐ眠くなりました。

③ 今日は寒すぎるので，（私は）1枚多く（服を）着ました。

④ 彼女が行きたければ行かせてあげましょう。

⑤ 脂っこいものを少なめに食べます。

⑥ 妹は1回練習してすぐできるようになりました。

⑦ 私たちは食べ物を少し持っていきましょう。

⑧ 調べてみれば明らかになります。

⑨ ゲームを少なくして，勉強を多くします。

⑩ この本はとても面白いので，私は何回も読みました。

テスト解答 ✏️

p.23 ウオーミングアップ

(1)
① 在
② 有
③ 了
④ 有点儿
⑤ 比

(2)
① 汉语这么难啊。
② 我想吃锅贴。
③ 这家寿司店的口碑很好。
④ 后天不是星期五。
⑤ 咱们一起去打网球吧。

p.36 ユニット1

① 麻雀をする
② 色
③ キロメートル
④ 悪くない，よい
⑤ 甘い
⑥ 便利だ
⑦ 歩く，行く
⑧ 苦労する，つらい
⑨ おなかがすく
⑩ 感じる，〜と思う

p.37 ユニット1

① 你家离学校（有）多远？
② 这儿的水果不太新鲜。
③ 这把雨伞挺结实的。
④ 他在车站等了好几个小时。
⑤ 我觉得日本的化妆品很好。
⑥ 爸爸喝了好几杯咖啡。
⑦ 他个子多高？/ 他个子有多高？
⑧ 这个机会太难得了。
⑨ 笔记本电脑挺便宜的。
⑩ 我觉得这家店的麻婆豆腐很好吃。

p.50 ユニット2

① 冗談を言う
② インターネットにアクセスする
③ できる，〜するのが上手だ
④ 明るい，朗らかだ
⑤ ピザ
⑥ 野球
⑦ さぼる，怠ける
⑧ 生計を立てる，生きる
⑨ 賑やかだ
⑩ スケートをする

p.51 ユニット2

① 他也会踢足球。
② 这儿不可以大声说话。
③ 我会打羽毛球。
④ 他也很会开玩笑。
⑤ 今天的工作比昨天轻松多了。
⑥ 你会下象棋吗？
⑦ 我可以和小王一起去吗？
⑧ 我不会包饺子。
⑨ 这儿不可以停车。
⑩ 她很会买东西。

p.64 ユニット3

① 応募する，申し込む
② マラソン
③ 引っ越す
④ 遅刻する
⑤ ヨーロッパ
⑥ 家屋，家
⑦ 前回
⑧ もの
⑨ プロジェクト
⑩ 走る

p.65 ユニット3

① 他没有资格参加演讲比赛。

② 下次咱们一起去滑雪吧。

③ 这是上节课留的作业。

④ 星期天我也能来。

⑤ 下周六(下星期六)我和姐姐一起去郊游。

⑥ 我能吃十个饺子。

⑦ 他也有能力做这个工作。

⑧ 下个月他们俩去北海道旅游。

⑨ 她不能吃辣的东西。

⑩ 我没有时间打工。

p.78 ユニット 4

① スターバックス

② 急行

③ いつ

④ うどん

⑤ リムジンバス

⑥ 朝

⑦ ベトナム

⑧ 知っている，見知る

⑨ ゴミ

⑩ タクシーを拾う

p.79 ユニット 4

① 这个饺子皮不是自己做的。

② 昨天你是几点来的学校？

③ 我不是从这条小路来的。

④ 我是坐地铁来的。

⑤ 这个要求是我提的。

⑥ 我是在专卖店买的。

⑦ 你是从美国来的吗？

⑧ 我也是星期天早上知道的。

⑨ 这张画儿是田中画的。

⑩ 今天我不是开车来的。

p.92 ユニット 5

① スペイン語

② 洗濯機

③ 居眠りをする

④ 暖かい料理

⑤ ギター

⑥ 告げる，知らせる

⑦ 教えを乞う

⑧ 先ほど

⑨ お小遣い

⑩ 試験

p.93 ユニット 5

① 姐姐看了一会儿韩剧。

② 我不想告诉他这件事。

③ 她没告诉我演讲的时间。

④ 你送小王什么礼物？

⑤ 明天再通知你。

⑥ 老师教学生英语。

⑦ 我想下个月再申请一次。

⑧ 下午再商量吧。

⑨ 咱们在这儿等一会儿吧。

⑩ 妈妈在准备晚饭。

p.106 ユニット 6

① 冷蔵庫

② カナダ

③ ベッド

④ スニーカー

⑤ 補講する，補習を受ける

⑥ 寝る

⑦ となり，そば

⑧ 引き出し

⑨ 新年を祝う，正月を迎える

⑩ 道路，大通り

p.107 ユニット 6

① 杂志都在右面。

② 抽屉里有三枝圆珠笔。

③ 我去小王那儿问一下。

④ 上面是我的衣服，下面是妹妹的衣服。

⑤ 前面有一个加油站。

⑥ 电影院前面有很多人。

⑦ 学校里有邮局吗？

⑧ 我经常在电车上看书。

⑨ 外面热闹极了。

⑩ 公园北边有一个厕所。

p.120 ユニット 7

① お弁当

② 気軽だ，気ままだ

③ 話をする，物語を語る

④ 雑談をする

⑤ 返信する

⑥ 整然としている

⑦ 遅い

⑧ 周到だ，行き届いている

⑨ 愉快だ

⑩ 従業員，職員

p.121 ユニット 7

① 房间打扫得很干净。

② 昨天没睡好。

③ 他没给我打电话。

④ 她(说)汉语说得很流利。

⑤ 东西摆得不太整齐。

⑥ 她没给客人准备饮料。

⑦ 田中(弹)钢琴弹得很好。

⑧ 公司不给员工发奖金。

⑨ 她跑得慢极了。

⑩ 老师给学生留了很多作业。

p.134 ユニット 8

① 油絵

② 閲覧する，目を通す

③ マスク

④ キッチン

⑤ 健康診断をする

⑥ 置く

⑦ ベランダ

⑧ 残業をする

⑨ 電気をつける

⑩ 指導者，上司

p.135 ユニット 8

① 停车场里没停着车。

② 门口放着一把雨伞。

③ 他明年要去中国留学。

④ 老师们正上着课呢。

⑤ 明天我得去一趟办公室。

⑥ 他们两个人正聊着呢。

⑦ 黑板上没写着字。

⑧ 下午我得去医院看病。

⑨ 爸爸在书房看书呢。

⑩ 他们周末要去钓鱼。

p.148 ユニット 9

① ポテトチップス

② 専門家

③ 情報，ニュース，便り

④ 看護師

⑤ 手伝う

⑥ お金を支払う

⑦ 粘り強い，強靭だ

⑧ 宿題を提出する

⑨ ペットを飼う

⑩ 呆れる，意外さに驚く

p.149 ユニット 9

① 明天咱们晚一点儿出发吧。

② 朋友请我吃饭。

③ 我没让他们去学校。

④ 请大家安静一点儿。

⑤ 这篇作文使我很感动。

⑥ 请小王给大家说明一下。

⑦ 公司没让客户赔偿。

⑧ 今天心情好一点儿了。

⑨ 姐姐不让弟弟进自己的房间。

⑩ 王老师的话使我很受启发。

① 喜ぶ，嬉しい
② 面接
③ 着飾る，装う
④ 気を付ける
⑤ 眠い
⑥ ラブレター
⑦ 昔の同級生
⑧ 心地よい，気分がいい
⑨ 氷のように冷たい
⑩ 本物の，生粋の，本場の

p.163　ユニット 10

① 病人要好好儿休息。
② 他一点儿都不了解我。
③ 这个点心甜甜的，很好吃。
④ 我渐渐地习惯了这儿的生活。
⑤ 他昨天一点儿酒都没喝。
⑥ 衣服摆得整整齐齐。
⑦ 这儿的麻婆豆腐一点儿都不辣。
⑧ 咱们要一起加油。
⑨ 妈妈做的菜一点儿都没剩。
⑩ 孩子们在公园高高兴兴地玩儿了一天。

p.176　ユニット 11

① 気が散る，ぼんやりする
② 愚痴をこぼす
③ 安心する
④ 迷惑をかける
⑤ ペナント
⑥ 返事
⑦ 勤め先
⑧ 邪魔をする
⑨ 心配する
⑩ 困らせる，困る

p.177　ユニット 11

① 今天别想了，明天再说吧。

② 朋友们打算去打棒球。
③ 他会来车站接你的。
④ 别发牢骚了。
⑤ 你打算叫外卖还是自己做？
⑥ 上课时别说话。
⑦ 暑假我不去旅游了。
⑧ 别去打扰他。
⑨ 别浪费时间了。
⑩ 我父母不会反对的。

p.190　ユニット 12

① 箸
② はっきりしない，愚かだ
③ 風が吹く
④ テーブル
⑤ （空が）暗い
⑥ 金魚鉢
⑦ 窓を開ける
⑧ 外国企業
⑨ 大物，偉い人
⑩ 雨宿りをする

p.191　ユニット 12

① 阴天了，别洗衣服了。
② 他怎么没来上课？
③ 车站附近发生了一起交通事故。
④ 会说汉语的人越来越多（了）。
⑤ 书架上少了两本书。
⑥ 沙发上放着很多衣服。
⑦ 最近越来越喜欢吃蛋糕了。
⑧ 今天怎么这么不顺利？
⑨ 今天早上出太阳了。
⑩ 昨天鱼缸里死了三条鱼。

p.204　ユニット 13

① 料理を出す，料理を運ぶ
② 悪口
③ 別れる
④ 遠回りをする

⑤ 満腹する
⑥ 集まり
⑦ だから～
⑧ 苦しめられる，ひどい目に合う
⑨ 会議を開く
⑩ 宝くじ

p.205 > ユニット13

① 我今天胃不舒服，所以没吃饭。
② 我看了一会儿书就困了。
③ 今天太冷了,所以我多穿了一件衣服。
④ 她想去就让她去吧。
⑤ 少吃点儿油腻的东西。
⑥ 妹妹练习了一次就会了。
⑦ 咱们带点儿吃的东西去吧。
⑧ 查一下就清楚了。
⑨ 少玩儿游戏，多学习。
⑩ 这本书很有意思,所以我看了好几遍。

索引

213

Z

監修

楊凱栄（東京大学名誉教授・専修大学特任教授）

著者

張麗群（日本大学文理学部教授）

表紙・本文デザイン／イラスト　小熊未央
音声吹込　王英輝

1日学1句　続・わたしの中国語学習帳

| 検印
省略 | © 2024 年 1 月 31 日　第 1 版　発行 |

監　修	楊凱栄
著　者	張麗群
発行者	小川　洋一郎
発行所	株式会社 朝 日 出 版 社

〒 101-0065　東京都千代田区西神田 3-3-5
電話 (03) 3239-0271・72 (直通)
振替口座　東京　00140-2-46008
欧友社／錦明印刷
http://www.asahipress.com